MARCUS BENSMANN,
JEAN PETERS U.A.

DER AfD KOMPLEX

Impressum

DER AFD-KOMPLEX

Recherchen von CORRECTIV

1. Auflage März 2024
ISBN: 978-3-948013-26-4
Gedruckt in Lettland / Livonia Print / Riga

Autor: Marcus Bensmann, Jean Peters u. a.
Layout & Cover: JetLag

www.correctiv.org

Kontakt: verlag@correctiv.org
Büro Essen: Huyssenallee 11, 45128 Essen
Büro Berlin: Singerstr. 109, 10179 Berlin

Huyssenallee 11, 45128 Essen
Handelsregister Essen, HRB 26115
Geschäftsführer: David Schraven, Jeannette Gusko

Jetzt gilt es!

Irgendwann vor vielen Jahren wurde uns klar, dass es mit dem Journalismus, wie er früher war, nicht mehr weiterging.

Das Geschäftsmodell der klassischen Medienmacher schwächelte immer schneller. Die Erlöse aus Abos gerieten in eine Negativspirale, sie wurden teurer, in der Folge schlossen weniger Leute Abos ab, in der Folge wurden die Abos noch teurer – und es ging von vorne los.

Dann verschwanden auch noch die Anzeigenerlöse. Kleinanzeigen wanderten zu Ebay; der Automarkt zu mobile.de, und selbst Aldi stellte die Prospektverteilung über Tageszeitungen an vielen Orten ein.

Gerade für den investigativen Journalismus hatte das ernsthafte Folgen. Vor allem die aufwendigsten Recherchen, die Jahre dauern können und sehr viel Zeit und Geld kosten, wurden immer schwieriger durchzusetzen. Irgendwann war uns bewusst, dass es so nicht mehr weitergehen konnte. Dass wir etwas Neues versuchen mussten, um etwas Altes zu bewahren.

Unsere Lösung hieß „gemeinnütziger Journalismus“. Wir wollten das Wissen um unsere Methoden an möglichst jeden Bürger weitergeben, die Jugend fördern, Kunst unterstützen und Verbraucher informieren.

Etliche dachten, unser in die Satzung gegossenes Versprechen sei nur ein Trick, um Stiftungsgelder abzugreifen.

Aber das war nicht so. Wir meinten es schon damals bei CORRECTIV ernst – und wir meinen es immer noch ernst.

Wir wollten all diese Aktivitäten entfalten, um am Ende dem großen Versprechen der Aufklärung zu dienen. Wir wollten und wollen zur demokratischen Entwicklung unserer Heimat beitragen. Unabhängig von parteipolitischen Gesichtspunkten, nur dem Prinzip der Transparenz, der Bildung und der Beteiligung verpflichtet. Das ist in unseren Augen der Kern des Journalismus, der bewahrt werden muss: die Arbeit für die Kommunikation in der offenen Gesellschaft.

Es war ein sehr langer Weg bis heute.

Wir mussten unseren Journalismus von alten Formaten befreien und die Recherche in das Zentrum stellen. Es ging uns nicht mehr darum, Zeilen in einer Zeitung vollzuschreiben, damit diese verkauft werden konnte. Wir wollten alles von einer Story wissen und erst dann entscheiden, wie wir unser Wissen präsentieren. Wir wollten einen Verlag aufbauen, um Bücher zu produzieren, die Kunst und Journalismus vereinen, Graphic Novels. Wir wollten begreifen, wie Recherchen im Theater präsentiert werden können. Wir wollten eine Jugendredaktion und eine Webakademie schaffen, um jeden Menschen am Journalismus beteiligen zu können. Wir wollten und wollen noch immer vieles gleichzeitig.

Wir haben dabei Fehler gemacht und gelernt.

Wir sind an den vielen Herausforderungen gewachsen.

Nebenher etablierten wir ein neues Geschäftsmodell im Journalismus. Wir wollten gemeinnützig sein und haben Leuten unsere Recherchen geschenkt. Im Gegenzug haben sie uns Geld zurückgeschenkt. Der eine gab einen Euro, die andere zehn. Ein wohlhabender Mensch überweist uns momentan jeden Monat 400 Euro. Ein Student fünf. Es spielt keine Rolle. Die Menschen geben, was in ihren Augen richtig ist. Und wir finden das okay. Wir danken allen.

Mit dieser Haltung konnten wir die Logik des Verkaufens durchbrechen. Wir geben dir nicht unseren Inhalt erst, wenn du uns den Gegenwert in Euro gibst.

Wir setzen stattdessen auf die Logik des Widerschenkens.

Nicht der unmittelbare Eigennutzen steht im Zentrum unseres Gebens, sondern die Sinnhaftigkeit unseres Tuns. Nur wenn die Gemeinschaft unsere Arbeit richtig findet, honoriert sie uns mit dem, was sie für angemessen hält.

Wir stehen mit dieser Logik nicht allein. Viele gemeinnützige Organisationen funktionieren so, aber auch Banken wie die GLS Bank, die Gemeinschaftsbank für Leihen und Schenken.

Wir haben dieses Konzept nur im Journalismus konsequent umgesetzt.

Uns brachte das eine nie gekannte Freiheit. Seit 2016 können wir Reporter auf eine Enthüllungsreise in die AfD senden. Kaum ein klassisches Medium hätte die Mittel dafür aufbringen können. Wir konnten das – weil wir uns auf Tausende Spender und Spenderinnen verlassen durften.

Und nur weil wir diese Freiheit hatten, konnten wir eine der wirkmächtigsten Enthüllungen der deutschen Nachkriegszeit veröffentlichen.

Wir deckten illegale Parteispenden in Millionenhöhe auf. Wir deckten auf, wie die AfD aus der Schweiz über einen Tarnverein groß gemacht wurde. Wir zeigten, wie die AfD zur Alternative für Russland wurde. Wir zeigten die Konsequenzen aus der Abkehr von der Westbindung. Der Spitzenkandidat der AfD für die Europawahl, Maximilian Krah, setzt sich für das Ende der allgemeingültigen Menschenrechte ein.

Die Enthüllung des Potsdamer Geheimtreffens nun, auf dem über die Vertreibung von Millionen Menschen aus unserem Land gesprochen wurde, konnte nur so groß werden, weil wir hier alle Fähigkeiten einsetzen konnten, die wir bei CORRECTIV in all den Jahren erworben haben.

Dieses Buch erscheint in unserem Verlag. Wir kooperierten mit Hunderten Lokaljournalisten in unseren Netzwerken. Wir konnten Schulmaterial bereitstellen und uns an einer Theateraufführung beteiligen, die Hunderttausende Menschen gesehen haben. Frei nach Tschechow: Eine Flinte, die im dritten Akt knallen soll, muss im ersten Akt an die Wand gehängt werden.

In all den Jahren haben wir bei CORRECTIV für diesen Moment trainiert.

Jetzt stehen wir auf dem Platz.

Wir werden weiter Recherchen vorantreiben, die für unsere Demokratie wichtig sind.

Wir werden den Menschen in unserem Land dienen.

David Schraven
Publisher

INHALTSVERZEICHNIS

KAPITEL 2

Ein Vorwort zur Einordnung

Die CORRECTIV-Recherche „Geheimplan gegen Deutschland“ reißt die bürgerliche Maske der AfD herunter: Ideologen einer völkischen Gemeinschaft haben die AfD zehn Jahre nach ihrer Gründung praktisch übernommen.

Die Identitäre Bewegung mit ihrem ideologischen Kopf aus Österreich, Martin Sellner, und der rechtsextreme Verleger Götz Kubitschek aus Schnellroda sind die Propagandisten eines Konzepts, das sie als Ethnopluralismus verkaufen. Sie sehen sich als die „Neue Rechte“. Sie wollten sich von der Brutalität und Muffigkeit der Neonaziszene absetzen, ziehen jedoch in der Konsequenz das Gift aus derselben Menschenverachtung.

„Das rechte Hauptziel“ benennt Sellner in seinem 2023 veröffentlichten Buch „Regime Change von rechts“ ganz offen: „Wir müssen unsere ethnokulturelle Identität und Substanz bewahren. Dazu brauchen wir eine radikale Wende der Identitäts- und Bevölkerungspolitik, die den Bevölkerungsaustausch aufhält.“

Aus diesen Sätzen folgt eine Konsequenz: eine millionenfache Vertreibung von Menschen aus Deutschland, die hier seit Generationen eine Heimat gefunden haben. Und genau das haben, wie unsere Recherche öffentlich gemacht hat, die rechtsextremen Ideologen, Vollstrecker und Finanziers zusammen mit führenden AfD-Politikern in einem Hotel unweit von Potsdam besprochen: Mit „maßgeschneiderten Gesetzen“ und „Anpassungsdruck“ sollen Menschen, darunter auch Staatsbürger, dazu gebracht werden, Deutschland zu verlassen, und zum Beispiel nach Nordafrika verdrängt werden.

Hinter den modern klingenden Begriffen „Ethnopluralismus“ und „Remigration“ verbirgt sich die Fratze einer rassistischen Idee, die immer wieder in neuem Gewand auftaucht – oft mit verheerenden Folgen für unser Land.

Die Idee fußt auf folgender These: Menschen, die aus unterschiedlichen Ländern oder Kulturen stammen und verschiedenen Ethnien angehören, oder die Nachfahren solcher Menschen können nicht in einem Land als gleichberechtigte Bürger zusammen ein Gemeinwesen gestalten. Nur in monoethnischen Gesellschaften könne der Mensch in Frieden und Wohlstand leben.

Dieser völkischen Idealvorstellung folgt eine rassistische Verschwörungsformel. Sellner nennt es den „großen Austausch“: Ein Geheimplan von „globalen Eliten“ wolle die völkischen Gesellschaften durch Flüchtlingsbewegungen zerstören. Das ist in vielerlei Hinsicht Unsinn. Die Menschen aus Syrien oder Afghanistan fliehen, weil in deren Ländern Krieg herrscht.

Auch widerspricht dieses Konzept der Realität. Zu den führenden und wirtschaftlich erfolgreichen Staaten, in denen die Bürger in Freiheit leben, gehören die USA, Kanada oder Australien. Alle drei Länder sind klassische Einwanderungsländer.

Auch die Bundesrepublik entfaltete ihre ökonomische Kraft erst, als Ende der 1950er-Jahre Millionen Menschen über Anwerbeabkommen nach Deutschland kamen und hier Arbeit aufnahmen, sie haben seither in Deutschland mit ihren Familien ihre Heimat gefunden.

Die Kaperfahrt der Rechtsextremen

Demgegenüber lebten die Menschen hinter dem Eisernen Vorhang in der DDR und den anderen Ostblockstaaten in einer Abschottung, die eigentlich einen Sellner und Kubitschek erfreuen sollte. Doch diese Abschottung führte in keinem der Staaten zu Wohlstand oder Freiheit, sondern zum wirtschaftlichen Niedergang bis zum Kollaps.

Als Deutschland unter den Nazis den Rassismus zur Staatsideologie machte, waren die Folgen die Shoa und der Zweite Weltkrieg sowie die Zerstörung Deutschlands und Europas.

Lassen wir uns nicht täuschen. Die Vertreibungspläne dieser völkischen Ideologen haben nichts mit der Bundeskanzlerin Angela Merkel und dem Flüchtlingszug von 2015 zu tun. Die völkischen Rechtsextremen vernetzen sich schon seit Beginn der Bundesrepublik in den Hinterzimmern. Es ist bezeichnend, dass zur Veranstaltung nach Potsdam ein Zahnarzt aus Düsseldorf namens Gernot Mörig einlud, der seit den 1970ern in neonazistischen und rassistischen Gruppen unterwegs ist.

Diese völkischen Ideologen nutzen die Unsicherheit und Probleme, die die Flüchtlingsbewegungen über das Mittelmeer oder die Balkanroute verursachen, um ihre alte Idee eines monoethnischen Staates mehrheitsfähig zu machen. Ihnen geht es nicht allein darum, den Zuzug von Flüchtlingen zu begrenzen; sie wollen die Realität in der Bundesrepublik, wie sie sich seit den 1960er-Jahren entwickelt hat, zurückdrehen. Und sie wittern jetzt ihre Chance.

Schon bei der Gründung der AfD starteten die völkischen Rechtsextremen die Kaperfahrt der neu gegründeten Partei. Im Zentrum der Kaperfahrt stand schon damals der rechtsextreme Verleger Götz Kubitschek, der über den Geschichtslehrer Björn Höcke und mit dem Werbeprofi Martin Sellner aus Österreich erst über die Ränder in die AfD wirkte und jetzt in das Herz der Partei vorgedrungen ist.

Die rassistische Idee der Verdrängung zeigte sich schon früh in der AfD. Als sich die AfD nach den ersten Wahlerfolgen im Mai 2016 ein Grundsatzprogramm gab, wurde der Entwurf an CORRECTIV geleakt. Dort fand sich der Vorschlag, dass Beschneidungen, die aus nicht medizinischen Gründen durchgeführt werden, nicht erlaubt sein sollten. Ebenso sollte das „Schächten" mit Verweis auf den Tierschutz verboten werden. Ein Beschneidungs- und Schächtungsverbot würde es Juden und Moslems erschweren, in Deutschland weiterzuleben. So ungefähr könnten „die maßgeschneiderten Gesetze" aussehen, von denen Sellner in dem Hotel unweit des Wannsees im November 2023 sprach.

Nach dem Leak, den CORRECTIV 2016 veröffentlichte, verschwand der Passus schnell aus dem Programm. Im damals beschlossenen Grundsatzprogramm war davon keine Rede mehr. Aber die Episode zeigt, welche Ideen schon damals in der AfD wirkten. Die Parteivorsitzenden Bernd Lucke, Frauke Petry und danach Jörg Meuthen versuchten immer wieder, den Einfluss der völkischen Rechtsextremen um Björn Höcke zurückzudrängen. Gegen die Identitäre Bewegung verhängte die AfD sogar einen Unvereinbarkeitsbeschluss. Höcke bezeichnete das Holocaustmahnmal als „Denkmal der Schande" und forderte eine „180-Grad-Wende in der Erinnerungskultur". Auch diese Polemik ergibt Sinn: Wenn wir als Gesellschaft aufhören, uns der Verbrechen der Nazizeit zu erinnern, dies gar als „Schuldkult" diffamiert wird, können sich völkische Ideologen in neu geschneiderten Gewändern wieder Gedanken über millionenfache „Remigration" und „Ethnopluralismus" machen und sich empört zeigen, wenn wir sie mit den Verbrechen unserer Geschichte konfrontieren.

Ob die Abgrenzung gegen Höcke in den Anfangsjahren der AfD aus politischer Überzeugung geschah oder taktischer Überlegung geschuldet war, soll hier nicht bewertet werden. Fakt ist: Der Versuch scheiterte. Lucke wurde aus der Partei gedrängt. Dann schmiss erst Petry, später Meuthen entnervt das Handtuch, beide verließen die Partei.

Und das Herz der Partei griff sich das Kraftzentrum um Höcke, Kubitschek und in dessen Schlepptau Sellner, der völkische Kommunikationsprofi aus Österreich.

In Folge dirigieren Höckes Netzwerke die Wahlen von Programm, Delegierten und Vorstandsposten. Der Spitzenkandidat für die Europawahl, Maximilian Krah, folgt Sellners Ideen. Krahs Buch „Politik von rechts. Ein Manifest“ zeigt dies: Krah bindet das Staatsvolk an die Ethnie, will die Menschenrechte abschaffen und diskutiert die Ausweisung von 25 Millionen Menschen mit Migrationshintergrund, darunter 15 Millionen Staatsbürger, „gegen ihren Willen“ auf 227 Buchseiten.

Die finanzierte Radikalisierung

Diese zehnjährige Hinwendung der AfD zur völkischen Vertreibungspartei ist begleitet von einem Spendenskandal, der sich von den anderen Spendenskandalen der Bundesrepublik in Ausrichtung und Planung unterscheidet.

Die Recherchen von CORRECTIV in Zusammenarbeit mit *Frontal* und *Spiegel* zeigen, wie die AfD ab 2016 mithilfe einer millionenschweren Werbekampagne in die Parlamente gedrückt wurde. Die Plakate wurden finanziert und organisiert von der Goal AG aus der Schweiz, wie die von CORRECTIV veröffentlichten Ströer-Leaks zeigen.

Die ehemalige Parteichefin Petry packte bei CORRECTIV aus, wie Henning Conle, der Milliardär aus Duisburg, nun wohnhaft in der Schweiz und London, der AfD verdeckte Parteispenden anbot. Der ehemalige Sozialdemokrat und jetzige AfD-Politiker Guido Reil aus Essen öffnete die Tür zum Geheimnis. Er sprach in einem Supermarkt-Café im Essener Norden freimütig darüber, wie ihn die Goal AG anrief, um seinen Landtagswahlkampf 2017 in NRW zu unterstützen. Reil war als Steiger auf der letzten Zeche im Ruhrgebiet tätig. Die AfD und vor allem die Schweizer Goal AG erkannten schnell die Strahlkraft, die von dem ehemaligen Bergmann und Sozialdemokraten ausging. Mit Reil als Gesicht holte die AfD in den einstigen sozialdemokratischen Hochburgen in Gelsenkirchen oder Duisburg bei den Landtagswahlen 2017 bereits zweistellige Wahlergebnisse.

Für die Europawahl 2019 wurde Reil mit dem zweiten Listenplatz belohnt und zog für die AfD ins Europäische Parlament ein. Für die Europawahl 2024 spielt der AfD-Kumpel keine Rolle mehr. Er wurde auf dem Parteitag 2023 in Magdeburg durchgereicht. Reil sagte 2017 in einem Interview mit CORRECTIV, die AfD sei nicht rassistisch und seine türkischen Kollegen seien nicht bedroht. Die Veranstaltung unweit von Potsdam, aber auch das Buch des Spitzenkandidaten Krah setzen nun einen anderen Ton. Und die AfD ließ ihren Steiger fallen.

Die Wahlkampfunterstützung aus der Schweiz ging mit der Radikalisierung der Partei einher. Petry sagte, dass Conle über die Spenden die „Machtarithmetik" in der AfD gestört habe. Alice Weidel, die einzige Politikerin der AfD, die Geldspenden von Conle auf ihr Wahlkampfkonto erhielt, führt nun die Partei, die von Höcke, Kubitschek und Sellner politisch bestimmt wird.

Aus diesem Grund ist diese ominöse Wahlkampfspende, deren juristische Aufarbeitung immer noch nicht abgeschlossen ist, der zweite große Aspekt in diesem Buch. Denn sie hat der AfD in den Anfangsjahren die Werbemacht gegeben, sich langfristig in den deutschen Parlamenten zu etablieren.

Ein interessanter Nebenaspekt sei angemerkt: Zu der Veranstaltung nach Potsdam lud neben dem rechtsextremen Zahnarzt aus Düsseldorf auch der Unternehmer Hans-Christian Limmer ein, der wie Conle seinen Reichtum im Ruhrgebiet machte. Limmer gründete Backwerk und war Teilhaber der Gastronomiebetriebe Hans im Glück und Pottsalat. Neben dem verstorbenen Mövenpick-Milliardär August von Finck und Theo Müller von Müller Milch ist Limmer der dritte millionenschwere Unternehmer aus der Gastronomie- und Nahrungsmittelbranche, der die AfD unterstützt.

Der Weg nach Russland

Neben den Spenden aus dem Ausland und der Durchsetzung der rassistischen Idee zeigt sich in diesen zehn Jahren eine Hinwendung der AfD zu Russland. Unter Lucke war die AfD noch der Westbindung verpflichtet, eine Dekade später ist davon nichts mehr zu spüren. Die Kampfbegriffe der russischen Nationalisten, „multipolare Weltordnung" und „Eurasien", haben es in die Programme geschafft, die USA wird als „raumfremde Macht" bezeichnet. Die AfD will Deutschland aus der Westbindung führen und an der Seite von China und Russland platzieren.

Der AfD-Spitzenkandidat Krah sieht in dem russischen Angriffskrieg gegen die Ukraine ein „Fanal" zur Zerstörung der westlichen Welt und hofft auf einen Erfolg Russlands. Auch das hat eine innere Logik: In einer multipolaren Weltordnung würde es, so Krah in seinem Manifest, keine Menschenrechte mehr geben. Damit wäre ein Hindernis beseitigt, um 25 Millionen Menschen aus Deutschland vertreiben zu können.

Die Hinwendung zu Russland, Wahlkampfhilfe und völkische Vertreibungspläne bilden den AfD-Komplex. Unsere Recherchen aus acht Jahren zeigen: Sollte die AfD jemals politische Macht erringen, wird es düster für Deutschland und Europa.

Zum Schluss noch ein Gedanke: Die völkische Idee eines monoethnischen Staat stützt sich vor allem auf eine tief sitzende Angst. Eine Angst vor der Gefahr, die aus der Fremde kommt.

CORRECTIV-Recherchen beschreiben ein anderes Bild. Unsere Recherchen zu Cum-Ex zeigen, wie hoch angesehene Banker und Juristen aus der Staatskasse Milliarden klauten. Bei dem Apothekerskandal in Bottrop streckte der Spross einer 200-jährigen Apothekerfamilie die Krebsmedikamente von Tausenden Patienten. Die Recherchen zum Priester Peter H. und dem deutschen Papst Benedikt XVI. beschreiben, wie ein Priester über drei Jahrzehnte in den Gemeinden unter dem Schutz der Bischöfe immer wieder Jungen missbrauchen konnte. Die Gefahr kam hier nicht aus der Fremde, das Verbrechen kam aus dem Vertrauten. Vielleicht ist das auch der Grund, warum Conle, Limmer und von Finck die Furcht vor dem Fremden unterstützen: Sie lenkt die Menschen davon ab, auf wirkliche Probleme zu schauen.

Die völkischen Ideen der AfD werden unser Land auseinanderreißen. „Der AfD-Komplex" zeigt, wie die Partei eine Gefahr für Demokratie und Freiheit wurde.

Marcus Bensmann
Senior Reporter

Jean Peters
Reporter

KAPITEL 1

DIE MASKE FÄLLT

Ein Geheimtreffen in einem abgelegenen Landhaus unweit von Potsdam: Mitglieder der AfD und der Werteunion besprechen mit bekannten Rechtsextremen und potenziellen Geldgebern Pläne zur millionenfachen Vertreibung von Menschen aus Deutschland. CORRECTIV ist undercover mit Kameras vor Ort und macht das Treffen publik.

Nach der Veröffentlichung beginnt eine Protestwelle im ganzen Land. Millionen Menschen gehen auf die Straßen, um gegen Rechtsextremismus zu demonstrieren. Die AfD reagiert wie gewohnt: Sie verkauft sich als Opfer. Und ihre Echokammern springen an.

Geheimplan gegen Deutschland

Von diesem Treffen sollte niemand erfahren: Hochrangige AfD-Politiker, Neonazis und finanzstarke Unternehmer kamen im November 2023 in einem Hotel bei Potsdam zusammen. Sie planten nichts Geringeres als die Vertreibung von Millionen von Menschen aus Deutschland.

Das Setting

In den hell erleuchteten Speisesaal eines Landhotels nahe Potsdam treten nach und nach gut zwei Dutzend Menschen. Manche sind Mitglied bei der AfD, ein führender Kopf der Identitären Bewegung ist dabei. Manche sind Burschenschafter, dazu Bürgertum und Mittelstand, Juristen, Politikerinnen, Unternehmer, Ärzte. Auch zwei CDU-Mitglieder sind dabei, Mitglieder der Werteunion.

Über die Mitbetreiberin des Hotels wurde gerade erst ein ausführliches Porträt in der Zeit veröffentlicht, das ihre Nähe zu rechten Kreisen beschreibt.

Zwei Männer haben zu dem Termin eingeladen. Der eine ist Ende 60, er bewegt sich fast sein ganzes Leben in der rechtsextremen Szene: Gernot Mörig, ein ehemaliger Zahnarzt aus Düsseldorf. Der andere heißt Hans-Christian Limmer, ein namhafter Investor im Gastrobereich. Limmer hat die Backdiscounter-Kette Backwerk groß gemacht, heute ist er Gesellschafter der Burgerkette Hans im Glück und beim Essenslieferanten Pottsalat. Anders als Mörig ist Limmer nicht anwesend, er bleibt der reiche Mann im Hintergrund. Als CORRECTIV ihn vor der Veröffentlichung dieser Recherche dazu befragte, antwortete er: Er distanziere sich von den Inhalten des Treffens und habe bei der Planung „auch keine Rolle gespielt“. [1]

Prolog – Hinter den Kulissen

Es ist der Morgen des 25. November, kurz vor neun Uhr, ein trüber Samstag. Auf den geparkten Autos im Hof sammelt sich Schnee. Was sich an dem Tag im Landhaus Adlon abspielt, wirkt wie ein Kammerspiel – doch es ist Realität.

---

1 Die Restaurantkette Hans im Glück trennte sich noch am Tag der Veröffentlichung dieser Recherche von Gesellschafter Limmer. Auf unsere Anfrage antwortete das Unternehmen, der Inhaberkreis und das Team seien „zutiefst schockiert über die erhobenen Vorwürfe.“ Am selben Tag trennte sich auch der Salatlieferdienst Pottsalat von Limmer als Miteigentümer.

Hier zeigt sich, was passieren kann, wenn sich rechtsextreme Ideengeber, Vertreter der AfD und finanzstarke Unterstützer der rechten Szene mischen.

Ihr wichtigstes Ziel: Menschen sollen aufgrund rassistischer Kriterien aus Deutschland vertrieben werden können – egal, ob sie einen deutschen Pass haben oder nicht.

Das Treffen soll geheim bleiben. Die Kommunikation zwischen Organisatoren und Gästen sollte nur über Briefe laufen. Kopien davon wurden aber CORRECTIV zugespielt. Und wir haben Bilder gemacht. Vor und hinter dem Haus. Auch im Haus konnten wir verdeckt filmen. Ein Reporter war mit einer Kamera undercover vor Ort und unter anderem Namen im Hotel eingecheckt. Er verfolgte das Treffen aus direkter Nähe und konnte beobachten, wer anreiste und an dem Treffen teilnahm. Dazu kam, dass Greenpeace zu dem Treffen recherchierte und CORRECTIV Fotos und Kopien von Dokumenten überließ. Unsere Reporter redeten mit mehreren AfD-Mitgliedern; Quellen belegten gegenüber CORRECTIV die Aussagen der Teilnehmenden.

So konnten wir die Zusammenkunft genau rekonstruieren.

Ort des Geschehens

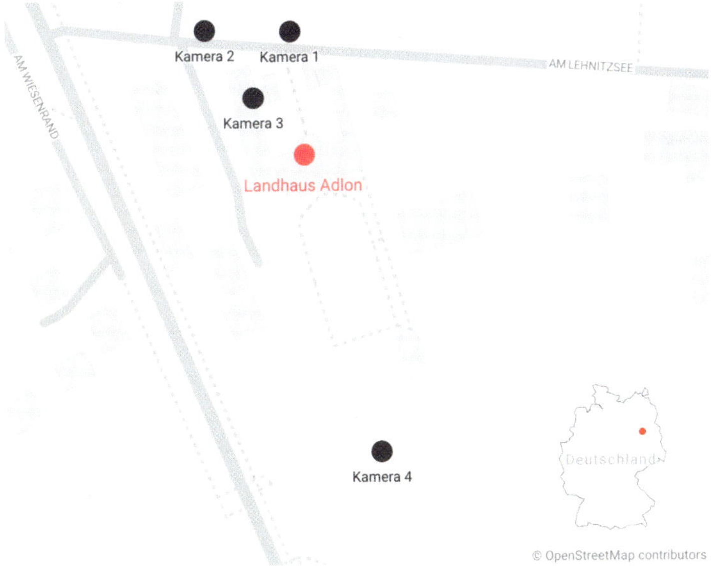

Der Grundriss des Landhauses Adlon und seiner Umgebung: Von den eingezeichneten Positionen aus konnte unser Reporter verdeckt filmen und fotografieren. Sogar vom See aus machte er Aufnahmen (Grafik: CORRECTIV, erstellt mit Datawrapper).

Die Zusammenkunft im Landhaus Adlon ist weit mehr als nur ein Treffen rechter Ideologen, von denen manche sehr viel Geld haben. Unter den Teilnehmern sind Menschen mit Einfluss innerhalb der AfD. Einer von ihnen wird in dieser Geschichte noch eine Schlüsselrolle spielen. Er brüstet sich damit, an diesem Tag für den Bundesparteivorstand der AfD zu sprechen. Er ist der persönliche Referent von Alice Weidel.[2]

Etwa zehn Monate vor den Landtagswahlen in Thüringen, Sachsen und Brandenburg belegt dieses Treffen, dass rassistische Einstellungen bis in die Bundesebene der Partei reichen. Und es soll nicht bei der Haltung bleiben; einige der Politiker wollen auch danach handeln – obwohl die AfD sich darauf beruft, keine rechtsextreme Partei zu sein

Für die AfD ist das mit Bezug auf die Debatte um ein mögliches Verbotsverfahren juristisch heikel. Zugleich ist es **ein Vorgeschmack auf das, was passieren könnte, sollte die AfD in Deutschland an die Macht kommen.**

Was dort an diesem Wochenende entworfen wird, ist ein Angriff auf die Existenz von Menschen. Und es ist nicht weniger als ein Angriff gegen die Verfassung der Bundesrepublik.

Die Personen

AfD

Roland Hartwig
rechte Hand der Parteichefin Alice Weidel

Gerrit Huy
Bundestagsabgeordnete

Ulrich Siegmund
Fraktionsvorsitzender Sachsen-Anhalt

Tim Krause
stellvertretender Vorsitzender im Kreis Potsdam

Der Mörig-Clan

Gernot Mörig
ein Zahnarzt im Ruhestand aus Düsseldorf

Arne Friedrich Mörig
Sohn von Gernot Mörig

Astrid Mörig
Frau von Gernot Mörig

Neonazis

Martin Sellner
ein rechtsextremer Aktivist aus Österreich

Mario Müller
ein verurteilter Gewalttäter

Ein junger „Identitärer"

---

2 Fünf Tage nach Veröffentlichung dieser Recherche beendeten die AfD und Weidel offiziell die Zusammenarbeit mit Roland Hartwig. Der Arbeitsvertrag als Weidels Referent wurde „im beiderseitigem Einvernehmen aufgelöst", teilte ein Parteisprecher nach einer Sitzung des Bundesvorstands mit.

Gastgeber

Wilhelm Wilderink

Mathilda Martina Huss

Umfeld-Organisationen und Sonstige

Simone Baum
Werteunion NRW, Vorstand

Michaela Schneider
Werteunion NRW, stellvertretender Vorstand

Silke Schröder
Verein Deutsche Sprache, Vorstand

Alexander von Bismarck

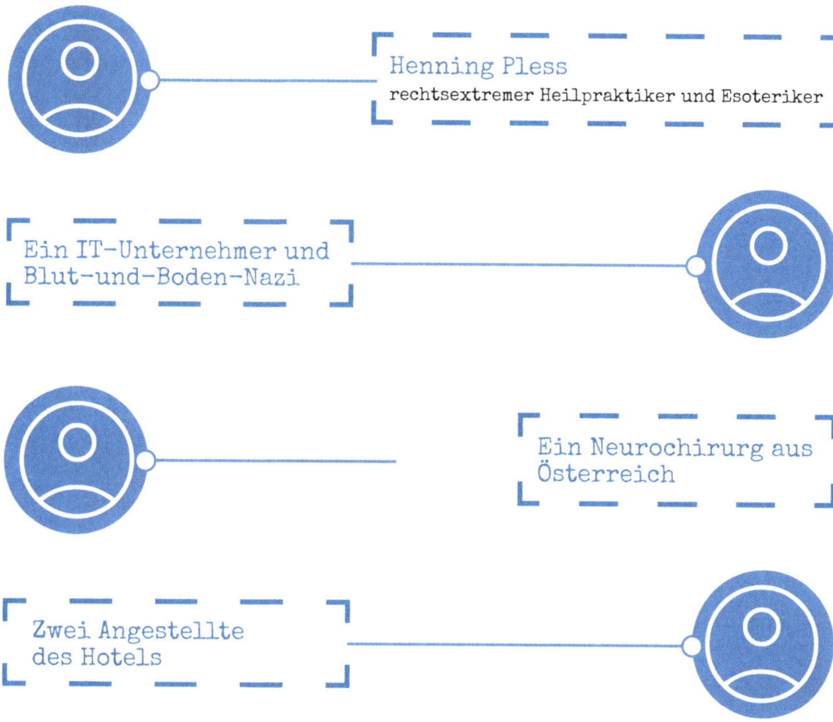
Henning Pless
rechtsextremer Heilpraktiker und Esoteriker
Ein IT-Unternehmer und Blut-und-Boden-Nazi
Ein Neurochirurg aus Österreich
Zwei Angestellte des Hotels

Ein Landhotel am See

Die Villa liegt am Lehnitzsee nicht weit von Potsdam, ein 20er-Jahre-Bau mit Ziegeldach und Blick aufs Wasser. Die ersten Gäste treffen am Vorabend ein. Ein weißer SUV aus Stade rollt auf den Hof, aus dem Fenster ballert die Band Frei.Wild: „Wir, wir, wir, wir schaffen Deutschland."

Viele Gäste kommen am nächsten Samstagmorgen dazu, über den Parkettboden steuern sie auf eine weiß eingedeckte Tafel zu, rund 30 Teller, auf jedem eine gefaltete Serviette.

Viele haben persönliche Einladungen erhalten, in denen im Grunde schon alles Wichtige steht: Von einem „exklusiven Netzwerk" ist die Rede und einer „Mindestspende" in Höhe von 5.000 Euro, die für die Teilnahme empfohlen wird. Das Sammeln von Geld sei eine „Kernaufgabe unserer Runde", heißt es in den Briefen des „Düsseldorfer Forums", wie sich die Gruppe nennt. Und wie es scheint, verfolgt sie dieses Ziel: Spenden sammeln von Vermögenden und Unternehmern, die im Geheimen rechtsextreme Bündnisse fördern möchten. **„Es bedarf Patrioten, die aktiv etwas tun, und Persönlichkeiten, die diese Aktivitäten finanziell unterstützen"**, heißt es in der Einladung. Vor Ort, bei dem Treffen in der Villa, würden die Organisatoren ein „neutrales Konto" bekannt geben, der Betrag könne auch bar gezahlt werden.

Hinter dem „Düsseldorfer Forum" steht unter anderem Gernot Mörig. In seiner Einladung zu der Zusammenkunft wird bereits ein ominöser „Masterplan" angekündigt (Grafik/Fotos: CORRECTIV).

Aber wofür soll gespendet werden?

Einen ersten Hinweis darauf gibt es in der Einladung, unterschrieben von den Organisatoren Mörig, dem Zahnarzt, und Limmer, dem ehemaligen Backwerk-Gesellschafter. In einem weiteren Einladungsbrief, der CORRECTIV vorliegt, schrieb Mörig: Es gebe ein „Gesamtkonzept, im Sinne eines Masterplans". Diesen werde ein Redner vorstellen, den er stolz ankündigt: „Kein Geringerer" als Martin Sellner werde sprechen – das langjährige Gesicht der rechtsextremen Identitären Bewegung. Wer an dem Wochenende teilnahm, wusste also, worum es gehen würde.

Akt 1, Szene 2

Ein Masterplan, um Zuwanderer loszuwerden

Sellner, Buchautor und ein führender Kopf der Neuen Rechten, ist auf dem Treffen der erste Redner. Mörig kündigt ihn an, sagt, dass Sellner den Masterplan habe. Mörig kommt schnell zu dem Punkt, um den es hier heute gehen soll: die „Remigration".[3]

Von einem Boot aus konnten wir direkt in den Konferenzraum filmen. Hier zu sehen: Martin Sellner, einer der Vordenker der Neuen Rechten (Grafik/Fotos: CORRECTIV).

3 Fünf Tage nach Veröffentlichung dieser Recherche wurde der Begriff „Remigration" zum Unwort des Jahres 2023 gekürt. Die Jury meint, dass er im vergangenen Jahr als „rechter Kampfbegriff, beschönigende Tarnvokabel" gebraucht worden sei, der die eigentlichen Absichten verschleiere. Das Ziel, das tatsächlich dahinterstehe, „verletzt freiheitliche und bürgerliche Grundrechte von Menschen mit Migrationsgeschichte", so die Jury.

Dabei verleiht der Organisator einleitend Sellners These besonderes Gewicht: Alles andere – die Haltung zu Coronamaßnahmen und Impfungen, die Lage in der Ukraine und Israel –, all das seien Streitpunkte in der Rechten. Die einzige Frage, die sie zusammenführe, sei eben die Frage der Remigration: „ob wir als Volk im Abendland noch überleben oder nicht“.

Der Großteil der Vorträge und Gespräche an diesem Tag wird um diesen zentralen Punkt kreisen, die „Remigration“.

Sellner ergreift das Wort. Er erklärt das Konzept im Verlauf des Vortrages so: Es gebe drei Zielgruppen der Migration, die Deutschland verlassen sollten. Oder, wie er sagt, „um die Ansiedlung von Ausländern rückabzuwickeln“. Er zählt auf, wen er meint: Asylbewerber, Ausländer mit Bleiberecht – und „nicht assimilierte Staatsbürger“. Letztere seien aus seiner Sicht das größte „Problem“. Anders gesagt: Sellner spaltet die Gesellschaft auf in diejenigen, die unbehelligt in Deutschland leben sollen, und diejenigen, für die dieses Grundrecht nicht gelten soll.

Im Grunde laufen die Gedankenspiele an diesem Tag alle auf eines hinaus: **Menschen sollen aus Deutschland verdrängt werden können, wenn sie die vermeintlich falsche Hautfarbe oder Herkunft haben** – und aus Sicht von Menschen wie Sellner nicht ausreichend „assimiliert“ sind. Auch wenn sie deutsche Staatsbürger sind. Es ist gegen die Existenz von Menschen in diesem Land gerichtet.

Das wäre ein Angriff auf das Grundgesetz – auf das Staatsbürgerrecht und auf den Gleichheitsgrundsatz.

Das rechtsradikale Konzept der Remigration

Sellners Ansichten sind nicht neu. In seinem Buch „Regime Change von rechts“, das 2023 in dem rechtsradikalen Verlag von Götz Kubitschek erschien, gibt Sellner die Linie vor:

„Das rechte Hauptziel“ sei die Bewahrung der „ethnokulturellen Identität und Substanz“, dazu sei „eine radikale Wende“ notwendig, um den „Bevölkerungsaustausch“ aufzuhalten. Dafür müsse man „die Politik der Remigration“ anwenden. In dem Buch fordert der Kopf der Identitären Bewegung die „Revision“ von bestehenden Staatsbürgerschaften und verweist auf „entsprechende Konzepte rechter Parteien und Bewegung“. Der Text ist einfach zu übersetzen: Es geht auch um die Vorbereitung einer millionenfachen Vertreibung.

Die Nähe zwischen Sellner und AfD-Politikern ist schon länger zu beobachten.

Sellners Buch und das Manifest des AfD-Spitzenkandidaten Maximillian Krah „Politik von rechts – ein Manifest“, das die Aufgabe der universellen Menschenrechte fordert, werden von Kubitscheks Verlag als Doppelpack angeboten. Auch in Krahs „Manifest“ ist die „Remigration“ von „Staatsbürgern“ kein Tabu, sondern wird als Problem beschrieben. „Selbst, wenn sich eine restriktive Einwanderungspolitik in 10 Jahren politisch durchsetzen ließe, bleibt die Frage, was mit den dann im Land befindlichen Menschen mit Migrationshintergrund geschehen soll.“ Krah rechnet: „25 Millionen Menschen, davon 15 Millionen deutsche Staatsangehörige.“ Der AfD-Spitzenkandidat bedauert, „es wird auch in zehn Jahren nicht ansatzweise eine politische Mehrheit, gar die verfassungs- und völkerrechtliche Möglichkeit geben, diese Menschen gegen ihren Willen aus dem Land auszuweisen“.

Rigide Methoden zur Abwehr von Migranten sind derzeit auch anderswo Thema, etwa in der CDU. Deren Abgeordneter Jens Spahn brachte kürzlich eine Verbringung von Geflüchteten nach Ruanda oder Ghana ins Spiel. Bei diesem Vorschlag geht es allerdings darum, zunächst den Status von Geflüchteten in einem Drittstaat feststellen zu lassen.

Die Beiträge der Teilnehmer des Treffens gehen laut den Quellen sehr viel weiter: Ihnen geht es um Geflüchtete und Menschen mit unklarem Aufenthaltsstatus. Und ihnen geht es auch um Deutsche. Um Menschen, die in Deutschland geboren wurden, in zweiter oder dritter Generation. Deren Eltern oder Großeltern sich in Deutschland eine Existenz aufgebaut haben, Angestellte oder Unternehmer, die als deutsche Staatsbürgerinnen und Staatsbürger aus dem Land gedrängt werden sollen.

Keine Einwände aus der AfD – trotz der Diskussion um ein Verbotsverfahren

Inhaltlich gibt es in der Runde keine grundsätzliche Kritik an der Idee des „Masterplans“, es kommen viele unterstützende Nachfragen. Zweifel gibt es nur an der Umsetzbarkeit.

Silke Schröder[4] zum Beispiel, Immobilienunternehmerin und Mitglied im Vorstand des CDU-nahen Vereins Deutsche Sprache, fragt sich, wie das praktisch gehen soll. Denn sobald ein Mensch einen „entsprechenden“ Pass habe, sei dies ja „ein Ding der Unmöglichkeit“.

Für Sellner ist das kein Hindernis. Er antwortet: Man müsse einen „hohen Anpassungsdruck“ auf die Menschen ausüben, zum Beispiel über „maßgeschneiderte Gesetze“. **Remigration sei nicht auf die Schnelle zu machen, es handele sich um „ein Jahrzehnteprojekt“.**

Auch die anwesenden AfD-Mitglieder haben keine Einwände, im Gegenteil. Die AfD-Bundestagsabgeordnete Gerrit Huy[5] betont, dass sie das skizzierte Ziel schon länger verfolge.

AfD-Politikerin Gerrit Huy fühlte sich nach der Veröffentlichung dieser Recherche in ihren Persönlichkeitsrechten verletzt. Mit der Vertreibung von Millionen Menschen mit deutscher Staatsbürgerschaft hat sie aber kein Problem (Grafik/Fotos: CORRECTIV).

4 Silke Schröder ist nach der Veröffentlichung dieser Recherche als Vorstandsmitglied beim Verein Deutsche Sprache (VDS) zurückgetreten. Sie kündigte auch ihre Mitgliedschaft. Schröder sei mit ihrem Rücktritt einem Vereinsausschluss zuvorgekommen, teilte Walter Krämer, Vorsitzender des Vereins, mit.

5 Gerrit Huy zeigte sich empört über die Recherche. Dass eine Organisation „rechtswidrig unsere Privatsphäre ausspäht“, nannte sie einen „Skandal“ und kündigte auf X eine Strafanzeige gegen CORRECTIV an – unter anderem wegen Verletzung des öffentlichen Wortes und der Persönlichkeitsrechte. Jörg Reichel, Geschäftsführer der Deutschen Journalistenunion (DJU) Berlin-Brandenburg, reagierte umgehend und bezeichnete auf X eine solche Anzeige als aussichtslos. „Die Recherche und Veröffentlichung von @correctiv_org ist durch die Pressefreiheit geschützt und verstößt nicht gegen den Pressekodex.“ Reichel zitierte aus dem Pressekodex: Demnach sind verdeckte Recherchen zulässig, wenn damit „Informationen von besonderem öffentlichen Interesse beschafft werden, die auf andere Weise nicht zugänglich sind.“

Als sie vor sieben Jahren der Partei beigetreten sei, habe sie schon „ein Remigrationskonzept mitgebracht". Aus diesem Grund argumentiere die AfD auch nicht mehr gegen die doppelte Staatsbürgerschaft. „Denn dann kann man die deutsche wieder wegnehmen, sie haben immer noch eine." So, wie Huy es ausdrückt, sollen Zuwanderer mit einem deutschen Pass in eine Falle gelockt werden.

Im Raum ist auch der AfD-Fraktionsvorsitzende in Sachsen-Anhalt, Ulrich Siegmund. Er wird später noch auftreten, um für Geldspenden zu werben. Er ist mächtig in seiner Partei, auch weil sein Landesverband hohe Zustimmungsraten hat. Sein Verkaufsargument, ganz im Sinn des „Masterplans": Das Straßenbild müsse sich ändern, ausländische Restaurants unter Druck gesetzt werden. Es solle in Sachsen-Anhalt „für dieses Klientel möglichst unattraktiv sein zu leben". Und das könne man sehr einfach realisieren. Seine Äußerungen könnten schon bei der nächsten Wahl Konsequenzen haben.

AfD-Politiker Ulrich Siegmund ließ uns mitteilen, dass er nicht als Abgeordneter für die AfD bei der Zusammenkunft im Landhaus Adlon gewesen sei, sondern als „Privatperson" (Grafik/Foto: CORRECTIV).

CORRECTIV schickte einigen der Teilnehmer im Nachhinein Fragen zu dem Treffen. Unter anderem: „Wie stehen Sie im Nachhinein zu den dort getroffenen zentralen Aussagen?"

Die AfD-Bundestagsabgeordnete Gerrit Huy antwortete bis Redaktionsschluss auf unsere Fragen nicht, ebenso nicht der AfD-Politiker Roland Hartwig und der Bundesvorstand der Partei.

Ulrich Siegmund aus Sachsen-Anhalt ließ die Medienrechtskanzlei Höcker schreiben, was diese meistens schreibt: Man dürfe aus ihrer Antwort zwar nicht zitieren, aber ihrem Mandanten würden falsche Dinge unterstellt. Unter anderem, er sei nicht als Abgeordneter für die AfD vor Ort gewesen, sondern als „Privatperson". In ihrer Antwort lässt die Kanzlei offen, wie Siegmund dem Konzept „Remigration" gegenübersteht. Er lässt lediglich ausrichten, er wolle Menschen nicht „gesetzeswidrig ausweisen".

Und Gernot Mörig distanziert sich. Er habe die Aussagen Sellners „anders in Erinnerung". Uns schreibt er: Hätte er solche Aussagen bewusst wahrgenommen, wären sie „nicht ohne Widerspruch von mir geblieben" – insbesondere im Hinblick auf die Ungleichbehandlung deutscher Staatsbürger.

Die AfD fühlt sich auf Erfolgskurs, der aktuelle Rechtsruck beflügelt die Partei. Laut jüngsten Umfragen wäre sie in Bundesländern wie Sachsen oder Thüringen mit mehr als 30 Prozent stärkste Kraft – deutlich vor CDU, SPD und Grünen. Zugleich aber steht die Partei unter Druck. Der Verfassungsschutz bewertet die AfD in Thüringen, Sachsen-Anhalt und Sachsen als rechtsextrem. Zuletzt stufte er die Junge Alternative (JA) in Nordrhein-Westfalen als Verdachtsfall ein. Als Gründe wurden die Nähe zur Identitären Bewegung genannt, ein „völkisch-ethnisches Volksverständnis" und „Menschen mit Migrationsbiografie verächtlich zu machen".

Ein Verbot der Partei wird dieser Tage häufiger diskutiert. Über 400.000 Menschen unterzeichneten eine Petition dafür, der CDU-Politiker Marco Wanderwitz wiederum sammelt Unterstützer im Bundestag, die sich mit ihm für einen Antrag auf ein Verbotsverfahren einsetzen möchten.

Die AfD selbst bringt sich dagegen in Stellung und präsentiert sich nach außen als demokratische Kraft: „Als Rechtsstaatspartei bekennt sich die AfD vorbehaltslos zum deutschen Staatsvolk als der Summe aller Personen, die die deutsche Staatsangehörigkeit besitzen", steht auf ihrer Webseite. Zuwanderer mit deutschem Pass seien „genauso deutsch wie der Abkömmling einer seit Jahrhunderten in Deutschland lebenden Familie", und: „Staatsbürger erster und zweiter Klasse gibt es für uns nicht."

Anders die Aussagen auf dem Treffen: Zumindest die dort vertretenen Politikerinnen und Politiker der AfD bekennen sich hier, unbeobachtet von außen, frei zu völkischen Idealen; es lassen sich keine wesentlichen Unterschiede zu den Positionen extremistischer rechter Ideologen feststellen.

Die Utopie der Nazis

Draußen zerfällt der Schnee zu grauem Matsch. Die Runde aber ist laut Quellen bestens aufgelegt; für sie ist es eine gute Zeit. Organisator Gernot Mörig sagt, er sei normalerweise eher ein pessimistischer Typ. An diesem Tag aber schöpfe er Hoffnung. Und das hat, unter anderem, mit dem „Masterplan“ des rechten Vordenkers Sellner zu tun.

Eine Idee ist dabei auch ein „Musterstaat“ in Nordafrika. Sellner erklärt, in solch einem Gebiet könnten bis zu zwei Millionen Menschen leben. Dann habe man einen Ort, wo man Leute „hinbewegen“ könne. Dort gebe es die Möglichkeit für Ausbildungen und Sport. Und alle, die sich für Geflüchtete einsetzten, könnten auch dorthin.

Was Sellner entwirft, erinnert an eine alte Idee: 1940 planten die Nationalsozialisten, vier Millionen Juden auf die Insel Madagaskar zu deportieren. Unklar ist, ob Sellner die historische Parallele im Kopf hat. Womöglich ist es auch Zufall, dass die Organisatoren gerade diese Villa für ihr konspiratives Treffen gewählt haben: **Knapp acht Kilometer entfernt von dem Hotel steht das Haus der Wannseekonferenz, auf der die Nazis die systematische Vernichtung der Juden koordinierten.**

Sellner wirft noch einen Kampfbegriff aus dem rechtsextremen Vokabular ein: die sogenannte „ethnische Wahl“. Er habe sich schon die Domain dazu gesichert. Sellner sagt: „Nicht nur, dass die Fremden hier leben. Sie wählen auch hier.“ „Ethnische Wahl“, das soll heißen, Menschen mit Migrationshintergrund würden vor allem „migrationsfreundliche“ Parteien wählen.

Das bedeutet: Er delegitimiert nicht nur die Wahlen an sich, sondern macht Deutsche zu Fremden im eigenen Land. Laut Definition des Statistischen Bundesamts haben 20,2 Millionen Menschen eine „Einwanderungsgeschichte“, sind also seit 1950 selbst eingewandert oder die Kinder dieser Einwanderer.

Es wird deutlich, wie die Strategien rechtsextremer Akteure und Gruppen ineinandergreifen: Sellner liefert die Ideen, die AfDler greifen sie auf und tragen sie in die Partei. Im Hintergrund kümmern sich andere um die Vernetzung, Vermögende, Mittelständler, bürgerliche Kreise, und immer drehen sich Debatten um eine Frage: Wie lässt sich eine einheitliche völkische Gemeinschaft erreichen?

Influencer im Dienste des Masterplans zur Vertreibung

Es geht nun um die praktischen Details, die nächsten Schritte: Mörig, der sich später auf Fragen der Redaktion hin als „alleiniger Veranstalter" bezeichnet, spricht von einem Expertengremium, das diesen Plan – die Vertreibung der Menschen mit Migrationshintergrund, auch deutscher Staatsbürger – ausarbeiten soll. Und zwar unter „ethischen, juristischen und logistischen Gesichtspunkten" – ein rassistischer Plan in legalem Gewand. Ein Mitglied habe Mörig schon im Sinn: Hans-Georg Maaßen, den früheren Chef des Verfassungsschutzes.

Maaßen ist häufiger Thema an diesem Tag. Der Ex-Verfassungsschützer plant nach mehreren Berichten im Januar, die Gründung einer eigenen Partei bekannt zu geben; die Menschen in dem Saal wissen das bereits; sie bringen die neue Gruppierung auf der Tagung mehrfach zur Sprache.

Aber so ganz ernst zu nehmen scheinen Teilnehmer diese geplante Partei nicht. Ihnen geht es mehr um ihre eigenen Pläne, und die sollen fertig sein, wenn „eine patriotische Kraft in diesem Land die Verantwortung übernommen hat", so Mörig.

In der Runde geht es darum, wie aus der Idee der Remigration eine politische Strategie werden soll. Sellner sagt: Dazu müsse „metapolitische, vorpolitische Macht" aufgebaut werden, um „das Meinungsklima zu ändern". Ein aktives Vorfeld müsse die kommende rechte Regierung in Deutschland auch nach der Wahl unterstützen.

Wenn man den Inhalten der Vorträge folgt, heißt das praktisch: Es soll auch Geld fließen. In Influencer-Projekte, in Propaganda, in Aktionsbewegungen und universitäre Projekte. Das ist die eine Seite, der Aufbau einer rechtsextremistischen Gegenöffentlichkeit.

Die andere ist die Schwächung der Demokratie, das heißt: **Wahlen anzweifeln, das Verfassungsgericht diskreditieren, andere Meinungen zurückdrängen, öffentlich-rechtliche Medien bekämpfen.**

Ein Redner folgt auf den anderen, jeder Vortrag dauert etwa eine Stunde. Zwischendurch wird das Mittagessen gebracht, eine Servicekraft wirkt genervt von der Menge der Gäste, die sie zu bewirten hat.

Viele hier sprechen, als wäre die Balance der Macht bereits gekippt. Offenbar glauben sie, kurz vor dem Durchbruch zu stehen. In diesem Duktus spricht bei seinem Vortrag an diesem Tag auch Mario Müller, Mitglied der Identitären Bewegung, mehrfach verurteilter Gewalttäter – und aktuell wissenschaftlicher Mitarbeiter beim AfD-Bundestagsabgeordneten Jan Wenzel Schmidt.

Der Mörig-Clan

Durch die Sprossenfenster des Landhauses eröffnet sich ein Blick auf die anwesende Gesellschaft. Der Saal verströmt altmodischen Glanz, ein Spinett in der Ecke, eine Standuhr an der Wand, viele der Gäste tragen Hemd und Sakko.

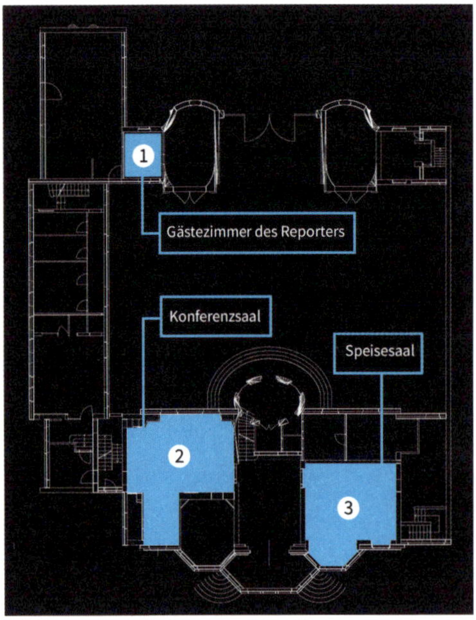

Der Bauplan des Landhauses Adlon: Unser Reporter war undercover in einem Gästezimmer eingemietet und möglichst nah am Geschehen (Grafik: CORRECTIV).

Die Zeiten scheinen ihnen günstig, die Pläne sind ausgearbeitet, zumindest in groben Zügen. Aber alles steht und fällt mit dem Geld, Gernot Mörig weiß das. Mörig amtierte in den 1970er-Jahren als Bundesführer des „Bundes Heimattreuer Jugend“, eines rechtsextremen Verbandes mit Blut-und-Boden-Ideologie. Dessen Abspaltung „Heimattreue deutsche Jugend“ wurde 2009 wegen ihrer Neonazi-Programmatik verboten. Die „Heimattreue deutsche Jugend“ war so rechtsextrem, dass sogar Andreas Kalbitz, Ex-Chef der AfD in Brandenburg, aus der Partei ausgeschlossen wurde: Er war zuvor auf einem Lager der Gruppierung zu Gast gewesen.

Mörig war es, der die Gäste auswählte und das Programm vorgab. Er war es, der vorab in seinem Brief vom „Masterplan“ schrieb und Spenden von den Eingeladenen erbat. Bargeldspenden und Tagungsbeiträge, sagt er beim Treffen, könnten die Gäste gleich vor Ort „dezent“ seiner Frau übergeben. Später sagt er noch: Das Geld, das er sammle, werde genutzt, um kleinere Organisationen zu unterstützen, wie etwa die von Martin Sellner.

Das bedeutet: Jeder im Raum, der wie verabredet Geld zahlt, finanziert die Identitäre Bewegung und auch Sellner selbst. So sagt es Mörig. Aber er will noch mehr.

Er zeigt eine Liste von Unterstützern, die angeblich Geld zahlen wollen oder schon bezahlt haben; auch solche, die nicht da sind: Christian Goldschagg, Gründer der Fitnesskette Fit-Plus und ehemaliger Gesellschafter des Süddeutschen Verlags. Er schreibt später an CORRECTIV, er habe „keinen Betrag für diese Veranstaltung oder das von Ihnen beschriebene Projekt überwiesen" und habe mit der AfD nichts am Hut.

Mörig nennt weitere Namen. Alexander von Bismarck, der mit seinem Verständnis für Russland und einer bizarren Aktion[6] im letzten Jahr aufgefallen ist, etwa sitzt mit im Raum. Mörig, der ehemalige „Bundesführer", geht dabei ganz offen mit Namen um. Er prahlt damit, wer eine „hohe vierstellige Summe als Spende schon längst überwiesen" habe oder noch tätigen würde. Bisher seien die Spenden über das private Konto seines Schwagers gelaufen, eines Bankers. Der habe ihn nun gebeten, sich was anderes einfallen zu lassen.

Einigen hier in dem Kreis, sagt er, sei es am ehesten recht, bei seiner Frau einen Briefumschlag abzugeben. Offenbar will er die Spenden aber noch professioneller organisieren und kündigt an, dass sie „wahrscheinlich dann doch beim nächsten Mal einen nicht eingetragenen Verein haben" werden, über den Überweisungen laufen könnten.

6 Im März 2023 sorgte Alexander von Bismarck für Aufsehen, als er mit 2.000 roten Rosen einen T-72-Panzer schmückte, der im Zuge eines Kunstprojekts vor der russischen Botschaft aufgestellt war. In einem Video erklärte er, dass er mit der Aktion „unsere Regierung" dazu auffordern wolle, mit Russland zu verhandeln, statt Waffen an die Ukraine zu liefern. Es wurde vermutet, dass die russische Botschaft hinter der Aktion stand. Von Bismarck dementierte den Vorwurf.

Ein AfD-Politiker wirbt um eine direkte Millionenspende

Auch der AfD-Politiker Ulrich Siegmund, Fraktionschef aus Sachsen-Anhalt, hat offenbar Geldbedarf. Siegmund wirbt bei dem Treffen offen um Spenden: Er denkt schon an die Wahlen und an die Wahlwerbung, die er aussenden möchte, am liebsten direkt in die Briefkästen.

Siegmund sagt, er möchte, dass jeder mindestens einmal angeschrieben werde. Es brauche klassische Radio- und Fernsehwerbung. Aber auch er will noch mehr: 1,37 Millionen Euro benötige er – und zwar „zusätzlich zu dem, was durch die Partei zur Verfügung gestellt wird“. Das könnte auch einen Versuch darstellen, Gelder an der Parteikasse vorbei direkt an ihn zu schleusen – als Direktspende wäre das nicht notwendigerweise illegal.

Parteispenden seien „natürlich mit Abstand das Sauberste“, sagt Siegmund dann noch. „Nichtsdestotrotz“ gebe es „absolut legale Wege, um Zuwendungen zu machen“. Er macht einen Vorschlag, über „Agenturen“ und „Personalgeschichten“ zu gehen. Seine Bitte: so etwas im Einzelgespräch auszumachen, „um individuell den besten Weg zu finden“.

Alice Weidels rechte Hand

Dass Teile der AfD mit Neonazis und Neuen Rechten eng vernetzt sind, ist nichts Neues. Bisher aber schob die Partei das Problem auf einzelne Orts- oder Landesverbände.

Bei dem geheimen Treffen in dem Hotel ist auch ein Vertreter der höchsten Ebene der Partei präsent: Roland Hartwig, ehemaliger AfD-Abgeordneter und persönlicher Referent der AfD-Chefin Alice Weidel – sowie nach Angaben mehrerer AfD-Insider im Bundestag eine Art „inoffizieller Generalsekretär der Partei". Einer, der im Hintergrund Einfluss auf die höchsten Entscheidungsebenen der Partei habe.

Vor den Gästen bekennt sich Hartwig als Fan des neurechten Aktivisten Sellner, dessen Buch er „gerade mit großer Freude" lese. Auch er nimmt Bezug zu dem vorher besprochenen und von Mörig bezeichneten „Masterplan".
Hartwig erzählt dann noch, dass die AfD gerade eine Musterklage gegen den öffentlich-rechtlichen Rundfunk plane und eine Kampagne, die zeige, wie luxuriös die Sender ausgestattet seien.

„Eintüten" wird Roland Hartwig für die AfD erst einmal nichts mehr. Nach Veröffentlichung dieser Recherche wurde sein Arbeitsvertrag als Weidels Referent aufgelöst (Grafik/Fotos: CORRECTIV).

Im Kontext von Sellners Vortrag sei auch das Projekt zu sehen, das Mörigs Sohn bei dem Treffen vorstellt: Arne Friedrich Mörig will eine Agentur für rechte Influencer aufbauen. Hartwig stellt in Aussicht, dass die AfD die Agentur mitfinanzieren könnte. **Das Ziel sei, so Hartwig, Einfluss auf die Wahlen zu nehmen,** vor allem bei jungen Leuten: „Die Generation, die das Blatt wenden muss, steht da." Mit diesem Plan sollen also junge Menschen auf Plattformen wie Tiktok oder Youtube mit den Inhalten bespielt werden, die als normale politische Thesen wahrgenommen werden sollen.

Der nächste Schritt in diesem Projekt, so Hartwig, werde jetzt sein, das Vorhaben dem Bundesvorstand zu präsentieren und die Partei davon zu überzeugen, dass sie auch davon profitiert.

Hartwig sagt dazu einen entscheidenden Satz: „Der neue Bundesvorstand, der jetzt anderthalb Jahre im Amt ist, ist offen für diese Fragestellung. Wir sind also bereit, Geld in die Hand zu nehmen und Themen zu betreiben, die nicht unmittelbar nur der Partei zugutekommen."

Man bekommt den Eindruck, als trete Hartwig, die rechte Hand von Alice Weidel, hier als Vermittler zum Bundesvorstand der AfD auf – um die inhaltlichen Pläne dieses Treffens in die Partei zu tragen. Hartwig hat auf unsere später zu dem Treffen gestellten Fragen bis Redaktionsschluss nicht reagiert.

Epilog

Am Abend danach ist alles still. Das Hotel wirkt wie ausgestorben. Nur ein leichtes Fernsehflackern kommt aus der Juniorsuite.

Es bleiben zurück:

Ein rechtsextremer Zahnarzt, der sein konspiratives Netzwerk offenlegte; ein Treffen von radikalen Rechtsextremen mit Vertretern der Bundes-AfD; ein „Masterplan" zur Ausweisung von deutschen Staatsbürgern; also ein Plan, um Artikel 3, Artikel 16 und Artikel 21 des Grundgesetzes zu unterlaufen. Die Offenlegung mehrerer potenzieller Spender für Rechtsextremismus aus dem gehobenen Bürgertum; ein Verfassungsrechtler, der juristische Methoden beschreibt, um demokratische Wahlen systematisch anzuzweifeln; ein Landtagsfraktionsvorsitzender der AfD, der Wahlspenden an der Partei vorbei organisieren will; und ein Hotelbesitzer, der etwas Geld einnehmen konnte, um seine Kosten zu decken.

Hintergrund und Making-of

Im Folgenden stellen wir dar, wie wir an die Informationen zur Recherche „Geheimplan gegen Deutschland“ gelangt sind, die am 10. Januar 2024 bei CORRECTIV erschienen ist.

Zunächst bekamen wir einen Tipp aus dem Kreis der eingeladenen Gäste für das Treffen. Einer der Einladenden, Gernot Mörig, hatte schon relativ detailliert aufgelistet, was die Pläne waren und wer kommen würde. Durch öffentlich zugängliche Rechercheseiten von Projekten, die seit Jahrzehnten zu rechtsextremen Kreisen recherchieren, wurde schnell deutlich, dass es sich bei Gernot Mörig um eine rechtsradikale Person handeln musste. Auf Rückfragen teilten Recherchegruppen ihre Kenntnisse mit uns.

Der erste Brief gab Hinweise darauf, dass dieses Treffen von herausragender gesellschaftlicher Relevanz sein könnte – wir vermuteten auch potenzielle strafrechtliche Relevanz. Spätestens als uns auch der zweite Brief weitergegeben wurde, in dem auch die Teilnahme von Martin Sellner und Alexander von Bismarck hervorgehoben wurde, wurde deutlich, dass sich nicht nur ein paar versprengte Neonazis treffen würden, sondern einflussreiche Rechtsextreme.

Auch ein Investigativ-Team von Greenpeace recherchierte zu dem Treffen. Die Organisation hat langjährige Erfahrung darin, Belege zu sammeln, die deren Urheber von der Öffentlichkeit abschotten möchten. Vorsichtige Annäherung, strategische und sichere interne Kommunikation, all das sind Maßstäbe, die auch für CORRECTIV gelten und auf die wir bei Greenpeace vertrauen können. Die Organisation gab uns Zugang zu Dokumenten aus ihren Vorrecherchen.

Informanten und weitere Quellen

Gleichzeitig haben wir die wichtigsten Erkenntnisse mit unseren Quellen innerhalb der Bundestagsfraktion der AfD abgeglichen: Welche Rolle hat Hartwig tatsächlich in der Partei? Ist er nur ein Rechtsausleger oder treibende Kraft? Könnten die Aussagen für die Partei stehen, oder sind es nur Einzelmeinungen, die keinen Zuspruch finden? Das Feedback der AfD-Mitglieder des Bundestages war auch zentral, um uns nicht nur in unseren eigenen Erkenntnissen zu spiegeln. Dieser Zugang entstand nur durch jahrelange Beziehungspflege in die Partei hinein.

Wir mieteten ein Zimmer über ein Online-Portal, bei dem die Hoteliers offenbar vergessen hatten, die Buchungen zu blockieren. Damit konnte einer unserer Reporter ganz offen das Haus betreten und mit den anderen Gästen als einziger externer Teilnehmer übernachten. Unser Reporter unterhielt sich mit Angestellten und sprach sogar kurz mit dem Organisator und den Gastgebern des Hauses.

Die Kameras standen vor dem Haus. Doch wir wollten auch von hinten in die Fenster sehen können, um auch unabhängig von weiteren Quellen die Anwesenheit von Teilnehmenden bestätigen zu können. Die Lösung dazu kam vom Hotel selbst: Bei der Rezeption lag eine Werbebroschüre für einen Saunafloß-Verleih um die Ecke. Das Floß mieteten wir dann für das Fotografenteam an. Von dort aus konnten wir fünf Meter vom Steg der Villa entfernt in das Haus mit einer Sport-Telekamera hineinfotografieren.

Das CORRECTIV-Team hinter der Recherche

Text und Recherche: Marcus Bensmann, Justus von Daniels, Anette Dowideit, Jean Peters, Gabriela Keller
Design: Charlotte Eckstein, Maximilian Bornmann, Mohamed Anwar
Kommunikation: Luise Lange-Letellier, Valentin Zick, Esther Ecke, Elena Schipfer
Faktencheck: Elena Kolb
Mitarbeit: Jonathan Sachse, Gesa Steeger, Pia Siber, Finn Schöneck, Tobias Hauswurz

Die Auswirkungen unserer Recherche

Die Maske fällt, Teil II

Die Bösen, das sind die anderen – die Kommunikationsstrategie der AfD

Die Reaktionen der AfD auf die Veröffentlichung unserer Geheimplan-Recherche sind bezeichnend für die Kommunikationsstrategie der Rechtspopulisten. Seit Jahren zelebriert die Partei die eigene Opfer-Inszenierung. Von dieser Position aus hetzt sie gegen Polit-Elite und Medienwelt. Parallel baut sie sich ihre eigenen Kommunikationskanäle auf.

Es sei „einer der größten, ungeheuerlichsten Medien- und Politikskandale der Bundesrepublik Deutschland", sagt die AfD-Chefin Alice Weidel auf einer Pressekonferenz am 16. Januar 2024. Damit meint sie nicht die Ergebnisse unserer Recherche und die bundesweiten Reaktionen, die sie ausgelöst haben, sondern den vermeintlichen Angriff auf die AfD. Sechs Tage sind seit der Veröffentlichung vergangen. Sie redet im eindringlichen Stakkato, schaut immer wieder offen in die Kamera: „Sehr geehrte Damen und Herren, das sind DDR-Methoden."

Ein „Geheimtreffen" habe es nie gegeben, sagt Weidel, lediglich „eine private Zusammenkunft, die von diesen CORRECTIV-Aktivisten mit Geheimdienstmethoden unter Missachtung von Persönlichkeitsrechten infiltriert und ausgespäht worden war, um eine Verschwörungstheorie zu konstruieren". Das ganze Thema der „Remigration" sei nicht neu, es stehe schon im Parteiprogramm und würde nun von „linken Aktivisten" skandalisiert, die „mit Stasi-ähnlichen Geheimdienst- und Zersetzungsmethoden eine private Zusammenkunft" angegriffen hätten, „um unbescholtene Bürger abzuhören und auszuspähen". Der „private Meinungsaustausch" werde kriminalisiert und unter eine „Gesinnungskontrolle" gestellt. Das einzig „Skandalöse" an der ganzen Geschichte sei, „dass über den eigentlichen Skandal geschwiegen" werde.

Die Chuzpe einer derart dreisten Täter-Opfer-Umkehr ist beinahe beeindruckend. Dabei folgt die AfD beim Umgang mit unserer Recherche nur ihren gewohnten Kommunikationsmustern. Der Politik- und Kommunikationsberater Johannes Hillje bezeichnet Weidels Reaktion als „Skandalumkehr". Das sei typisch für die AfD. Hillje hat sich als Autor in mehreren Büchern mit den Kommunikationsstrategien der Rechtspopulisten auseinandergesetzt. Das eigene Fehlverhalten oder Vergehen werde kleingeredet, als eigentlicher Skandal werde vielmehr die Reaktion darauf bezeichnet.

Provokation und Gejammer

Die daraus resultierende Opferrolle ist zentral in der Rhetorik der Rechtspopulisten. Weidel hält auch drei Wochen nach der Veröffentlichung unserer Recherche an dieser Linie fest. Während der Generaldebatte im Bundestag am 31. Januar inszenierte sie die AfD als Opfer einer „beispiellosen Verleumdungskampagne", die die „Hilfs-Stasi CORRECTIV" aus „unglaublichen Lügen, Verleumdung und übelster Nachrede" konstruiert habe. Die investigative Arbeit einer unabhängigen Presse, die essenzieller Bestandteil einer gesunden Demokratie ist, wird in Weidels Logik zur staatlich finanzierten Hetzkampagne gegen Oppositionelle und Andersdenkende, wie es sonst in Diktaturen der Fall ist.

Für ein Verständnis rechter Kommunikationsstrategien sei das Opfernarrativ wichtiger als die politischen Inhalte, halten die Autoren Maximilian Steinbeis, Per Leo und Daniel-Pascal Zorn in ihrem Buch „Mit Rechten reden. Ein Leitfaden" fest. Denn genau dadurch würden die Populisten ihre Anhänger mobilisieren: „Nicht durch Programme, sondern durch Provokationen. Und Gejammer." Und das beherrscht die AfD wie keine andere Partei in Deutschland – über all ihre Kanäle.

Auf seinem Youtube-Kanal sagt am 11. Januar Ulrich Siegmund, Fraktionsvorsitzender der AfD in Sachsen-Anhalt, der an dem Potsdamer Treffen teilnahm, unsere Recherchemethoden seien „hochgradig illegal" und „hochgradig kriminell" gewesen. All das werde nur gemacht, um vom „Wahnsinn in diesem Land abzulenken". Die AfD sei „die einzige politische Partei, die das anspricht, die dagegen ankämpft, und deswegen möchte man uns mit allen Mitteln bekämpfen!". Und „deswegen brauche ich heute eure Hilfe!". Die Aussage wiederholt Siegmund in 30 Sekunden drei Mal.

In die Opferkerbe schlägt auch die Bundestagsabgeordnete Beatrix von Storch in einem Videostatement am 24. Januar 2024 auf der Plattform X (früher Twitter). Von Storch spricht von einer „generalstabsmäßig" geplanten und „von langer Hand vorbereiteten Kampagne". CORRECTIV sei nicht unabhängig, unsere Redakteure und Redakteurinnen keine Journalisten. Wir seien eine von „der internationalen Finanzindustrie und grünen Milliardären" bezahlte „Organisation zur Bekämpfung politischer Gegner". Unser Ziel sei es, die „Demokratie zu unterminieren und die Macht und den Einfluss mächtiger Lobbyinteressen im Hintergrund zu sichern". Und dann zieht von Storch die ganz großen Register: „Die haben alle keine Angst um die Demokratie, die haben alle Angst vor der Demokratie."

Im Klartext: Eine Partei, die in weiten Teilen rechtsextrem ist; eine Partei, die Presse und politisch Andersdenkende offen angreift und diffamiert; eine Partei, die in ihrem Wesenskern auf Spaltung und Ausgrenzung ausgelegt ist, verkauft sich hier als letzte Bastion der Demokratie. Und das im Angesicht der wahrscheinlich größten parteiübergreifenden und basisdemokratischen Protestwelle in der Geschichte der Bundesrepublik Deutschland.

Die Kommunikation der AfD zielt auf Polarisierung ab, auf eine extreme Überspitzung und Frontenbildung. Unsere Enthüllung und die daraus resultierende Kritik an der AfD werden zur Kampagne, zur „Gesinnungskontrolle" und schließlich zum Angriff auf das „deutsche Volk" umgedeutet. Die AfD nutze einen eingeübten Kommunikationskreislauf aus Beschwichtigung, politischer Ambivalenz, Opferinszenierung und Gegenangriff auf Medien und andere Parteien, erklärt Hillje. „Weil ihre Anhänger den etablierten Medien und Parteien in höchstem Maße misstrauen, wirkt diese Strategie."

Und diese Strategie wirkt für die AfD schon sehr lange.

Wir gegen die

Von April 2016 bis Februar 2017 untersuchte die Amadeu Antonio Stiftung exemplarisch die Facebook-Seiten bedeutender Akteure des verschwörungstheoretischen, rechtsextremen und rechtspopulistischen Spektrums. Dazu gehörten unter anderem das *Compact-Magazin*, *PI-News (Politically Incorrect)*, die Identitäre Bewegung, *KenFM* und auch die Bundes-AfD. Die Autorengruppe der Stiftung erfasste über einen Zeitraum von elf Monaten die zehn beliebtesten Facebook-Beiträge jedes Monats, um sie zu analysieren. Am Ende hatte sie 1.063 Beiträge ausgewertet und konnte 27 wiederkehrende Einzelnarrative identifizieren, die sich wiederum unter sieben Hauptnarrativen bündeln ließen: der Untergang der Deutschen, Bedrohung von außen, Bedrohung von innen, das Establishment manipuliert, globale Verschwörung, Widerstand und Lösungen, Repressionen für Widerstand.

All diese Erzählungen fanden sich auch in den Posts der Bundes-AfD, die damals unter der Parteispitze von Bernd Lucke, Frauke Petry und Jörg Meuthen nach außen hin einen gemäßigteren Kurs verfolgte, verglichen mit den offensiven Parolen heute[7]. Zwei Drittel der Facebook-Posts enthielten die Narrative einer Bedrohung von außen oder von innen. Das heißt, sie schürten mit ihren Narrativen Angst, bauten Fronten auf und beschworen den Zusammenhalt der eigenen Gemeinschaft.

7 Zwar trug die Partei die rechtsextremen Ideen schon immer in sich, doch der interne Machtkampf zwischen der Parteispitze und dem Flügelvertreter Björn Höcke verhinderte noch eine offene Radikalisierung, wie sie in den vergangenen Jahren stattfand

Schon damals dominierten die Wir-gegen-die-Erzählungen die Kommunikation der AfD.

In der Kategorie der Einzelnarrative setzte sich die Erzählung vom „Volksverräter" am häufigsten in den beliebtesten AfD-Posts durch. Es scheint, dass die AfD dann auf Facebook am erfolgreichsten war, wenn sie politische Gegner diffamierte und sich als Gegenstück zum Polit-Establishment und den etablierten Parteien inszenierte.

Diese These für den Erfolg der Populisten unterstrichen auch die damaligen Wahlergebnisse. Als die AfD bei der NRW-Landtagswahl 2017 im gesamten Ruhrgebiet auf 9,5 Prozent kam (damals ein beachtlich hoher Wert), fragten unsere Reporter die Menschen vor Ort nach dem Grund für ihr AfD-Kreuz. Sie hörten Sätze wie „Um uns Malocher kümmert sich niemand" oder „Hier leben einfach viele sozial schwache Menschen".

Diese Motive waren nicht nur in NRW entscheidend: Ein Jahr zuvor war die AfD bei der Landtagswahl in Sachsen-Anhalt mit 24,3 Prozent als zweitstärkste Partei in den Landtag eingezogen. Zwei Drittel der befragten AfD-Wähler hatten damals angegeben, sie hätten ihre Entscheidung getroffen, weil sie enttäuscht von den anderen Parteien gewesen seien.

Den Grund für den AfD-Erfolg benannte damals die *Rheinische Post* in einer Analyse: „die Wut vieler Menschen auf die Eliten, auf ‚die da oben'. Das meint Politiker, aber auch Wirtschaftsbosse oder Medienleute. Von denen fühlen sie sich nicht ernst genommen, ja sogar hinters Licht geführt." Der Berliner Historiker Paul Nolte wird dazu zitiert: „Vielleicht haben sich die Eliten, die Politik, die Wissenschaft und auch die Medien zu bequem in dieser Welt des Wandels eingerichtet. Andere haben das nicht geschafft. Um die muss sich mehr gekümmert werden." Und das haben die Rechtspopulisten der Alternative für Deutschland von Anfang an begriffen.

Angst und Schrecken im Netz

„Je schlechter es Deutschland geht, desto besser für die AfD", sagte Anfang 2020 Christian Lüth, damaliger Sprecher der AfD-Fraktion, einer Youtuberin. Das Gespräch wurde undercover für die *ProSieben*-Recherche „Deutsch, rechts, radikal" aufgezeichnet. „Das ist natürlich scheiße, auch für unsere Kinder. Aber wahrscheinlich erhält uns das." Deswegen müsse sich die AfD eine Taktik überlegen, sagte Lüth, „zwischen: Wie schlimm kann es Deutschland gehen? Und: Wie viel können wir provozieren?"

Der Erfolg dieser Strategie ist eng mit der Funktionsweise der Sozialen Netzwerke verknüpft. Keine andere Partei ist so aktiv und reichweitenstark auf den Plattformen wie die AfD. „Es liegt daran, dass sie auf Provokation setzen", bestätigt der Politikberater Martin Fuchs. Die AfD weiß an den entscheidenden Stellschrauben der Sozialen Netzwerke zu drehen: Sie spielt mit den Gefühlen der Bürgerinnen und Bürger und facht Konflikte an.

Besonders mit Alice Weidel könne die AfD im Netz punkten, schreibt die *Deutsche Welle*. Vom 1. Juni bis zum 15. August 2021 wertete die Redaktion Beiträge ausgewählter Politiker und Parteien in den Sozialen Netzwerken aus, und zwar auf Facebook, Instagram, Youtube und X, damals noch Twitter. Verglichen wurden etwa die Zahlen der Videoaufrufe oder die Interaktionen der Nutzer mit den Angeboten. Das Ergebnis: „Die mit Abstand erfolgreichste deutsche Politikerin im Netz ist die Spitzenkandidatin der AfD, Alice Weidel (...), ihre Videos wurden im beschriebenen Zeitraum rund 4,9 Millionen Mal in den sozialen Medien aufgerufen." Weidel schlage die Konkurrenz auch um Längen, wenn es um das Teilen und Kommentieren der Beiträge gehe.

Bei der Bundestagswahl 2021 machte die AfD fast ausschließlich über ihre Informationskanäle und in ihren eigenen digitalen Echoräumen Wahlkampf. „Die AfD ist selbst zum Massenmedium geworden in den sozialen Medien", sagt der Kommunikationsberater Johannes Hillje.

„AfD statt ARD"

2018 verkündete Alice Weidel die Gründung eines AfD-Newsrooms, vergleichbar mit denen klassischer Redaktionen. Die Fraktion wolle so selbst Nachrichten produzieren, sagte Weidel. „Solange die AfD von vielen Medien ignoriert oder mit Fake News gezielt schlechtgemacht wird", könne es nur diesen Weg geben. „Unser ambitioniertes Fernziel ist es, dass die Deutschen irgendwann AfD und nicht *ARD* schauen."

Rund 20 Mitarbeiter soll der AfD-Newsroom im Bundestag haben sowie ein improvisiertes Fernsehstudio. Die Mitarbeiter sollen einen „alternativen News Channel" bespielen und sich um die Kanäle in den Sozialen Netzwerken kümmern. Keine andere Partei im Deutschen Bundestag hat sich derart aufgestellt.

Über 400.000 Abonnenten verzeichnet Anfang Februar 2024 der Youtube-Kanal der AfD-Fraktion insgesamt.

Zum Vergleich: Die SPD-Fraktion kommt nicht einmal auf 4.000 Abonnenten, die Unionsfraktion auf knapp über 5.000. Parallel zu Youtube baut die AfD ihre Kommunikation mit der eigenen Community so massiv und erfolgreich wie keine andere Partei auf Tiktok aus.[8]

Den Kommunikationswissenschaftler Alexander Sängerlaub überrascht weder das große Engagement der AfD in den Sozialen Netzwerken noch deren Erfolg. Er hat für den Berliner Thinktank Stiftung Neue Verantwortung die Nutzung von Sozialen Netzwerken durch verschiedene Wählergruppen untersucht. „Die Wähler der AfD haben den Eindruck, wahre Informationen nur direkt von der Partei zu bekommen oder über der Partei nahestehende Angebote und auf alternativen Medienplattformen“, sagt Sängerlaub. Auch das scheint zum politischen Kalkül der Partei zu gehören. Die permanenten Angriffe auf das öffentlich-rechtliche Rundfunksystem, die ständigen Lügenpressevorwürfe, das Abrackern an der vermeintlichen Meinungsdiktatur – all diese Narrative schüren das Misstrauen gegen klassische Medien und ziehen die AfD-Anhänger in die Echokammern der Partei.

Kommunikationsberater Hillje warnt davor, dass die Partei mittels eines eigenen Medienapparats eine „radikal rechte ‚Desinformationsgesellschaft‘“ schaffen wolle. „Die Neue Rechte verfolgt das Ziel einer Gegenöffentlichkeit“, sagt Hillje.

Wenn das Vertrauen in die etablierten Medien und demokratischen Institutionen zerstört sei, hätte das zur Konsequenz, „dass Menschen etwa nur noch ‚Trusted Messengern‘ aus dem AfD-Milieu, also Sprechern, die sie für vertrauensvoll halten, Glauben schenken – unabhängig vom Inhalt“.

Wenn die AfD die Deutungshoheit in ihrer Informationsbubble besitzt, wird es für sie leichter, Vorwürfe gegen sich mit eigenen Verschwörungserzählungen zu entkräften. Das versuchte die AfD auch nach unserer Veröffentlichung.

Am 23. Januar 2024 postet die AfD auf ihrer Facebook-Seite mit fast 600.000 Followern: „+++ So lenken Politik und Medien von den Massenprotesten aus der Mitte der Gesellschaft ab! +++“ Damit meint die AfD aber nicht die Millionen Menschen, die in ganz Deutschland gegen Rechtsextremismus auf die Straße gehen, sondern die Bauern. Weiter heißt es: Man habe einen Skandal konstruiert und Massenproteste inszeniert, damit der „öffentlich-rechtliche Rundfunk und die regierungstreue Presse nicht mehr über Treckerblockaden, Lkw-Korsos

8 Ein wichtiges Medium für die Rekrutierung neuer AfD-Anhänger ist Instagram. 2020 haben wir über Monate hinweg mit einem Rechercheteam beobachtet und analysiert, wie sich die rechte bis rechtsextreme Szene auf Instagram vernetzt – und auch, welche Rolle die AfD dabei spielt. In den 4.500 Accounts, die wir als relevant kategorisierten, spielten Parteiorganisationen und -funktionsträger eine zentrale Rolle. Während der Recherche „Kein Filter für Rechts“ erkannten wir, dass Profile von AfD-Politikern auf Instagram häufig als eine Art Brücke fungieren – sie stehen zwischen Accounts, die teils selbst nicht direkt vernetzt sind: Sie spinnen dort Fäden zwischen parteinahen Accounts und extrem rechten Teilen der Szene.

und Demonstrationen, bei denen es um die wirklichen Probleme im Land geht, berichten" müssten. Denn es gehe „auf den Demonstrationen nicht gegen den (nicht weiter konkretisierten) ‚Rechtsextremismus', es geht gegen die arbeitenden Bürger, die kritisch hinterfragen, wie es in diesem Land eigentlich weitergehen soll?".
Die Vertreter der alternativen Medien nehmen die Narrative der AfD auf und verbreiten sie über ihre Kanäle weiter.

Medienschau: Neue Rechte

Wir veröffentlichen unsere Geheimplan-Recherche am 10. Januar.

Am 14. Januar greift *Nius*, das Online-Portal von Ex-Bild-Chefredakteur Julian Reichelt, das Narrativ auf, wir seien staatlich finanziert und hätten deswegen im Auftrag der Regierung gehandelt. „‚Geheimplan gegen Deutschland': Wie das staatlich finanzierte Portal Correctiv eine Wannseekonferenz 2.0 erfand", heißt es dort und am 29. Januar „Steuergeld für ‚Correctiv': Staatsjournalismus ist kein Journalismus, sondern Regierungs-Propaganda". Mit der Überschrift „DDR 1990 und DDR 2.0 2024: Staatlich organisierte Demos gegen rechts" titelt der rechte Blog *Philosophia perennis* am 25. Januar.

Auf der Seite *Journalistenwatch* wird der Spin noch weiter gedreht. Am 26. Januar fragt ein Artikel: „Watergate des Linksstaats: Arbeiteten ‚Correctiv' und Verfassungsschutz beim Potsdam-Scam gezielt zusammen?" *Tichys Einblick* liefert drei Tage später vermeintliche Antworten. In einem Artikel ist zu lesen: „Der eigentliche Skandal dieser Affäre ist nicht das private Treffen in Potsdam. Es ist dessen mutmaßliche Ausspionierung durch den Bundesverfassungsschutz. (...) Die Involvierung des Verfassungsschutzes und dessen Zusammenarbeit mit einem vermeintlich unabhängigen ‚Rechercheportal' würde schließlich nicht nur den deutschen Staat, sondern auch den deutschen Journalismus desavouieren." Es folgen Absätze mit Spekulationen über das, was die Bundesregierung in ihren Statements über eine Beteiligung des Verfassungsschutzes nicht (!) gesagt hat, um dann zu enden mit: „Somit bleibt nur ein Umkehrschluss: Offenbar war der Verfassungsschutz involviert, und man hütet nunmehr das Staatsgeheimnis wie einen Augapfel, weil die ‚Rückschlüsse auf die Methoden' unangenehme Wahrheiten über die hiesige rechtsstaatliche Ordnung enthüllen könnten." Nur fürs Protokoll: Die Folgerungen des Autors sind ausgemachter Unsinn.

Ein anderer Artikel, der ebenfalls am 29. Januar auf *Tichys Einblick* veröffentlicht wurde, verliert sich noch weiter im Sumpf der Spekulationen und Verschwörungen: „Nun, da lagen in den letzten Wochen unsere Landwirte, die Lkw-Fahrer, Handwerker, Gastronomen und viele andere Berufsgruppen mit einer breiten Zustimmung aus der Bevölkerung im Clinch mit der Ampel-Koalition. (...) Zusammen mit den Sendern der öffentlich-rechtlichen Anstalten, diversen regierungsnahen Medien und anderen Vereinen wurde eine Kampagne losgetreten, die auf Stasi-ähnlichen Überwachungen eines privaten Treffens anlässlich einer Buchpublikation basierte, an dem rechte und rechtsextreme Personen teilnahmen – und schon hatte man ein wirkungsmächtiges Feindbild gefunden: die AfD und die Rechten."

Die Grundtöne sind überall gleich – in Artikeln des AfD-nahen *Deutschland-Kuriers*, der *Jungen Freiheit*, auf *PI News* oder anderen Online-Portalen der Neuen Rechten. All diese Medien sind auch in der Redaktion von CORRECTIV.Faktencheck bekannt. Sie produzierten Desinformationen, die wir mit Faktenchecks widerlegten, oder verbreiteten Falschnachrichten anscheinend ungeprüft weiter. Seit dem 10. Januar vergeht kaum ein Tag, an dem diese Online-Portale die Narrative der AfD nicht aufgreifen und weiterdrehen. Das Fatale an diesem Meinungschor: Der Gleichklang zeigt beim Lesenden Wirkung – ob er es will oder nicht.

Psychologen nennen das den Illusory Truth Effect, die Wahrheitsillusion: Je häufiger wir mit einer Aussage konfrontiert werden, desto glaubwürdiger wird sie für uns. Verantwortlich dafür sind unsere Gedächtnisprozesse. „Wir wissen, man kann Menschen selbst die abstrusesten Dinge einreden", sagt der Neurowissenschaftler Henning Beck, „wenn man die eben oft genug wiederholt." Unser Gehirn interpretiere Häufigkeit als Wichtigkeit und blende andere Informationen zunehmend aus. Besonders wenn wir verunsichert sind und nicht mehr wissen, was wir noch glauben sollen, sind wir anfällig für diesen Fehlschluss. Hinzu kommt: Erhalten wir die Information auch noch von vielen verschiedenen, voneinander vermeintlich unabhängigen Quellen, wirkt sie noch mal einen Tick glaubwürdiger.

Entsprechend eng hält die AfD den Kontakt zu den Vertretern der alternativen Medien.

Das Mediennetzwerk der AfD

Das Treffen im Landhaus Adlon war nicht die erste Veranstaltung mit Beteiligung von AfD-Politikern und Vertretern der Neuen Rechten, bei der ein CORRECTIV-Reporter undercover war. Am 11. Mai 2019 hatte die AfD Repräsentanten alternativer Medien zu einer umstrittenen Konferenz in den Bundestag eingeladen, dem „1. Kongress der freien Medien".

„Die größten Netzwerker der rechten Szene tauschten dort mit Abgeordneten Nummern aus. Ein Treffen unter Freunden – gegen die ‚Systempresse'", so beschrieb es damals unser Reporter in seiner Reportage. In dem Einladungsschreiben der AfD hieß es, es sei „nun an der Zeit, sich mit denjenigen zu treffen und auszutauschen, die einen großen Teil der Arbeit im Vorfeld geleistet haben", damit die AfD ins Parlament einziehen konnte. „Ohne Ihre faire Berichterstattung wären wir nicht so erfolgreich." Ziel der Veranstaltung sei „die Vernetzung und der Ausbau der freien sachlichen Berichterstattung".

Konkret gab es einen Vortrag des Medienanwalts Ralf Höcker, der die AfD immer wieder in Klagen gegen die „Leit- und Massenmedien" vertreten hat, über Recht und Ethik, Diskussionsrunden über „Synergieeffekte und Kooperationsmöglichkeiten" zwischen Fraktion und freien Journalisten, Runden zum „Austausch" und zur „Ideensammlung" und natürlich gemeinsame Mittags- und Kaffeepausen.

Unser Reporter schrieb damals: „Wer begreifen will, was hier vor sich geht, muss sich die Veranstaltung für einen Moment mit anderen Protagonisten vorstellen: Politiker der SPD-Fraktion zum Beispiel würden die Belegschaft der *Zeit* und des *Spiegels* zu einer Konferenz in den Bundestag einladen. Sie würden sich dann so benehmen, als seien sie alte Kollegen, sich gegenseitig feiern und über Insiderwitze lachen. Zudem würde der Hausanwalt der SPD den Journalisten Tipps geben. Im Gegenzug würden sich die Journalisten von den Politikern wünschen, dass sie bevorzugt ihre Texte teilten statt die anderer Medien. Die Glaubwürdigkeit beider Gruppen wäre dahin. Doch journalistische Glaubwürdigkeit und auch die der Partei scheinen hier, auf der Konferenz, nicht allzu wichtig."

Hier nur ein kleiner Überblick über die damals geladenen Gäste: David Berger, Betreiber des Blogs *Philosophia perennis*; der Blogger Eugen Prinz von *PI News*; Thomas Böhm und Philipp Beyer, Gründer der rechten Webseite *Journalistenwatch*; der rechte Publizist Götz Kubitscheck und seine Frau Ellen Kositza; der rechte Aktivist Michael Stürzenberger und der libanesisch-deutsche Regisseur und AfD-Sympathisant Imad Karim; der Kreml-nahe Journalist und Aktivist Billy Six, der Funktionär der Identitären Bewegung (IB) Daniel Sebbin, der mit Daniel Fiß, dem damaligen Chef der IB in Deutschland, eine Medienagentur für „Gegenöffentlichkeit" führt; sowie der Blogger Jürgen Fritz und der Youtuber Oliver Flesch.

Es ist das Who's who der rechten Meinungsmacher. Und es sind viele Vertreter der Medien dabei, die nach der Veröffentlichung unserer Geheimplan-Recherche fast fünf Jahre später die Narrative der AfD stützen und verbreiten.

„Ich feiere diesen Tag", sagt die AfD-Bundestagsabgeordnete Nicole Höchst damals in einem Interview von *PI-News*, „wo man hier wirklich alles hat, was Rang und Namen hat. Also die ganze Elite der freien Pressewelt ist unserem

Ruf gefolgt.“ Die Bedeutung dieser Konferenz liege für Höchst auf der Hand: „Wir treffen uns, wir schütteln uns die Hände, sehen uns tief in den Augen und versprechen uns gegenseitig bessere Zusammenarbeit, mehr aufeinander eingehen, und das ist eigentlich genau das, was richtig wehtut.“ Denn diese Vernetzung bringe die Macht der etablierten Medien in Gefahr. „Diese Deutungshoheit, die steht plötzlich infrage, die Deutungshoheit über Fake News, über Fakten.“

Es sei wichtig, dass sich die Szene der „freien Medien“ vernetze, dass „sie zusammenwirken“, dass „sie sich gegenseitig Unterstützung und Informationen zukommen lassen“, erklärt Martin Renner, Gründungsmitglied der AfD und medienpolitischer Sprecher, gegenüber *PI-News*, nur so ließe sich „sukzessive die Waffengleichheit zu dem polit-medialen Komplex“ herstellen, wie Renner die etablierte Medienlandschaft nennt.

Für weite Teile der AfD-Wählerschaft scheinen das 2024 die Rechtspopulisten erreicht zu haben. Sie haben eine Gegenöffentlichkeit aus Sozialen Netzwerken und alternativen Medien geschaffen, in der sie den Ton bestimmen können, in der sie die Guten und die Opfer definieren. Denn die Bösen, das sind natürlich die anderen.

Der CORRECTIV-Mitarbeiter hinter der Recherche

Text und Recherche: Bastian Schlange

KAPITEL 2

VERRAT AM WESTEN

Die AfD macht keinen Hehl daraus, wohin die Reise gehen soll: weg vom Westen und von der Nato. Eine „multipolare Weltordnung" tritt an die Stelle der Westbindung. Die Partei steuert direkt in den Schoß Wladimir Putins.

Die Abkehr von freiheitlich-demokratischen Grundwerten formuliert der AfD-Spitzenkandidat Maximilian Krah unmissverständlich: In einer multipolaren Weltordnung mit Mächten wie China und Russland würde es keine universellen Menschenrechte mehr geben.

Und Russland, das den Desinformationskrieg massiv befeuert, hofiert die deutschen Rechtspopulisten mit seiner Netzpropaganda.

Alternative für Russland: Wie sich die AfD systematisch nach Russland orientiert

Das Ziel ist Russland: Selbst im Wahlprogramm der AfD findet sich kaum noch ein Bezug zum Westen oder zur Nato. Provokante Reisen, aggressive Reden und russlandfreundliche Anträge im Bundestag zeigen, dass sich die Partei außenpolitisch Russland andient.

Wenn es nach der AfD in Bayern ginge, würde sich der Freistaat aus der Westbindung lösen und eigene Verhandlungen mit dem Kreml führen. Die Ukraine solle keine Waffen bekommen. Ukrainische Soldaten sollten nicht in Bayern ausgebildet und die Sanktionen gegen Russland aufgehoben werden. Der bayerische Landesverband verortet Bayern in „Eurasien", ein politischer Kampfbegriff, der von russischer Seite kommt und auch von der AfD vermehrt genutzt wird.

Für die bayerische AfD ist auch klar, wer für den Krieg gegen die Ukraine die Verantwortung trägt: die USA und da zuallererst der amerikanische Präsident Joe Biden.

All das findet sich in der „Bayerischen Dialoginitiative für Frieden in Europa"[1], die die AfD-Delegierten auf dem Landesparteitag im Mai 2023 verabschiedeten. Dort heißt es:

„Bayern als Brückenbauer zwischen Ost und West statt als Unterstützer Bidens einseitiger US-Interessen- und Geopolitik für eine gezielte Spaltung Eurasiens".

Bis wenige Tage vor unserer Veröffentlichung war die „Bayerische Dialoginitiative" noch auf der Webseite des Landesverbandes zu finden. Auf Anfrage gab der Landesverband an, dass die Seiten für den Wahlkampf angepasst wurden.

So deutlich hat sich noch kein westlicher Landesverband der AfD auf die Seite Russlands gestellt. Die Bayern-AfD fordert den Freistaat zu einer eigenen Russlandpolitik an der Bundesregierung vorbei auf, „durch die umgehende Nutzung

1 Das Dokument findet sich über die Google-Suchanfrage: documentcloud, „Bayerische Dialoginitiative für Frieden in Europa".

etablierter Gesprächskanäle mit langjährigen russischen Partnern“ nach „dem Vorbild Ungarn und Serbien“, heißt es in dem Papier.

Bayern ist kein Einzelfall: Wie sich die AfD nach Russland orientiert

Die Positionen des bayerischen Landesverbandes zu Russland wirken extrem, sie zeigen aber eine Entwicklung, die die gesamte AfD in ihrer zehnjährigen Parteigeschichte genommen hat. Es sind nicht nur die bekannten und provokanten Reisen von AfD-Politikern nach Moskau oder in von Russland besetzte Gebiete – selbst nach dem Überfall Russlands auf die Ukraine. **Die systematische Hinwendung nach Russland wird in Programmen, Anträgen und Reden im Bundestag sowie in Äußerungen vieler AfD-Abgeordneter sichtbar.** CORRECTIV zeigt, wie sich die Russland-Nähe der AfD in ihren eigenen Worten manifestiert.

Anfänglich sprach sich die AfD gegen den Euro aus, aber die Partei unter dem Gründer Bernd Lucke sah sich damals fest verankert in der westlichen Wertegemeinschaft. Im Wahlprogramm der AfD zur Europawahl 2014 stand ein klares Bekenntnis zur Nato:

„Die Nato ist und bleibt die Klammer einer transatlantischen Sicherheitsarchitektur, deren entscheidender Anker das Bündnis mit den USA ist. (...) Die AfD bejaht die gemeinsame Verfolgung europäischer Interessen und damit eine gemeinsame Außen- und Sicherheitspolitik der EU.“

Zehn Jahre später schaffte es das Wort „Nato“ nicht mal in den Leitantrag für die Europawahl 2024. Nur mithilfe einer geschickten Parteitagsstrategie konnten die Anhänger der Westbindung ein flüchtiges Bekenntnis im Programm unterbringen.

Der Leitantrag für die europäischen Wahlen 2024 ist stark antiwestlich geprägt. **Die AfD will die EU überwinden**, sie fordert, dass Deutschland einen Beobachtungsstatus in der „Shanghai Organisation für Zusammenarbeit“ anstrebt, einem von Russland und China beherrschten Klub autokratischer Regime. Die AfD will auch mit der von Moskau geführten „Eurasischen Wirtschaftsunion“ zusammenarbeiten. Bisher bilden Russland, Armenien, Kasachstan, Belarus und Kirgistan diese Gemeinschaft. Zudem schaffte es der Kampfbegriff der russischen Nationalisten – die „multipolare Weltordnung“ – ins Programm. In der Präambel wird die „Dominanz außereuropäischer Großmächte“ dafür verantwortlich gemacht, dass „die Staaten Europas in Konflikte“ hingezogen würden, die „fruchtbaren Handelsbeziehungen im europäisch-asiatischen Raum (...) diametral entgegenstehen“. Mit der „Dominanz außereuropäischer Großmächte“ sind wohl vor allem die USA gemeint.

Die Hinwendung der AfD nach Russland bricht mit der Westbindung der Bundesrepublik

Ein derartiger außenpolitischer Wandel einer Partei ist in der deutschen Parteiengeschichte einmalig. **Noch nie hat sich in der Bundesrepublik eine Partei, die sich selbst bis heute als bürgerlich beschreibt, aus der Westbindung gelöst und sich außenpolitisch nach Moskau ausgerichtet.**

Ein Gründungsmythos der AfD besagt, dass sie letztlich eine Kopie der CDU der 1980er-Jahre sei. Mit der Orientierung nach Osten positioniert sich die AfD jedoch gegen die Union von Konrad Adenauer, Franz-Josef Strauß oder Helmut Kohl. Für die Union sind die transatlantischen Beziehungen, die Einbindung Deutschlands in die Nato und die Europäische Union Teil ihres außenpolitischen Selbstverständnisses.

Vor dem Überfall Russlands auf die Ukraine war die Politik der Annäherung an Russland trotz der Annexion der Krim weiterhin ein Ziel von SPD, CDU/CSU und FDP. Sie befürworteten in der überwiegenden Mehrheit die Gaspipeline Nordstream von Russland nach Deutschland. Wandel durch Handel – die Parteien hofften noch lange auf eine erfolgreiche Entspannungspolitik mit Russland.

Der russische Einmarsch in die Ukraine widerlegte die Annahme, dass Handelspartner keinen Krieg führen. Die Unionsparteien, die SPD, die Grünen und die FDP sind sich nun in der Unterstützung der Ukraine und der Isolation Russlands im Krieg überwiegend einig.

Die AfD machte diesen Richtungswechsel nicht mit, sondern verstärkt die Annäherung an Russland sogar. Hier unterscheidet sich die AfD auch von anderen rechten Parteien in Europa wie in Finnland, Schweden oder Italien. Die italienische Ministerpräsidentin Giorgia Meloni etwa hat sich klar auf die Seite der Ukraine gestellt.

Verschiedene Medien – etwa *Spiegel*, *ARD*, *SZ*, *Welt*, *ZDF Frontal* und *t-online* sowie CORRECTIV – veröffentlichten bereits Recherchen zu den Verbindungen zwischen der AfD und Russland. Anhand von Programmen, Reisen, Zitaten und Reden wird nun die systematische Verschiebung der AfD nach Russland sichtbar.

Die Partei ist zur Alternative für Russland geworden.

Die Russlandreisen

Besonders auffällig sind Reisen von AfD-Abgeordneten nach Russland. Viele sind als gezielte Provokation gedacht, etwa wenn es auf die von Russland annektierte Krim oder in die von Russland unterstützten separatistischen Gebiete Luhansk und Donezk ging. Oft suchen die AfD-Politiker die Nähe zum Putin-Regime; einige nahmen an von Russland organisierten Wahlbeobachtungen teil. **AfD-Politiker kritisierten dabei weder die Unterdrückung der Opposition noch die Einschränkungen der Pressefreiheit.** Ein Abgeordneter lobte die Wahlen sogar als „frei, gleich und geheim". Die *Welt* recherchierte im Oktober 2021 allein über 100 solcher Reisen.[2]

Selbst nach dem russischen Überfall auf die Ukraine setzten AfD-Politiker die Reisen nach Russland fort. Sie forderten dabei die Aufhebung der Sanktionen gegen Russland, sprachen sich aber nicht gegen den Angriffskrieg Russlands aus. Wir zeigen eine Auswahl von Reisen, die die systematische Annäherung an Russland belegen.

Der lange Weg der AfD in den Osten

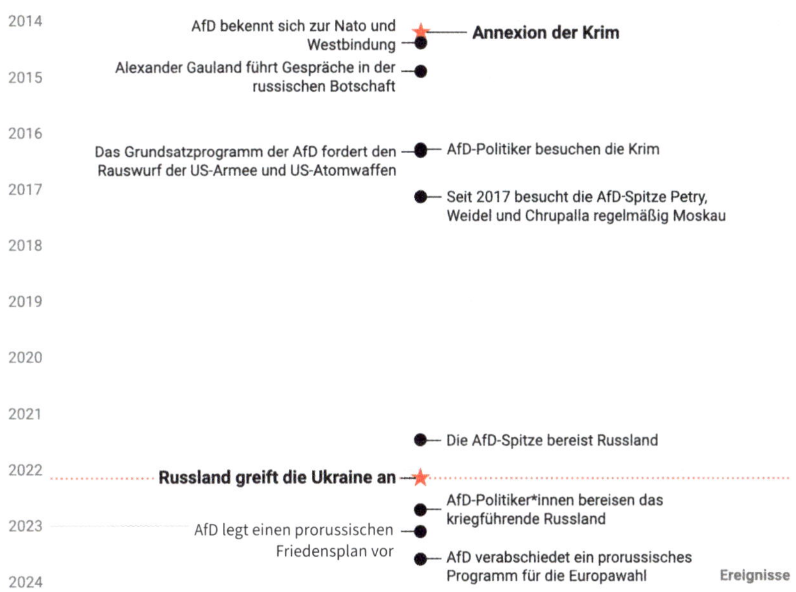

In zehn Jahren löste sich die AfD aus der Westbindung und setzte sich an die Seite Russlands (Grafik: CORRECTIV, erstellt mit Datawrapper).

2 Die Recherche findet sich auf welt.de: „Mehr als 100 AfD-Reisen zum Gefallen Russlands".

2014:

Russland annektiert die Krim. Deutschland, die EU und eine große Mehrheit der Staaten der Welt erkennen Putins Landraub nicht an.

2016:

Die Reise des AfD-Abgeordneten Marcus Pretzell zusammen mit dem damaligen Chef der Jungen Alternative, Markus Frohnmaier, auf die von Russland besetzte ukrainische Halbinsel soll offenbar eine bewusste Provokation sein.

2018 und 2019:

Der AfD-Abgeordnete Stefan Keuter wird 2018 vom russischen Staat als Wahlbeobachter eingeladen. So erhalten die gelenkten Wahlen einen demokratischen Anstrich. Keuter bewertet die Wahlen in Kasan als „frei, gleich und geheim". Der AfD-Abgeordnete im Berliner Abgeordnetenhaus, Gunnar Lindemann, besucht mehrmals die von Russland unterstützten Separatisten in Donezk und Luhansk. Der AfD-Mann aus Berlin trifft die Putin-nahe Rockergang Nachtwölfe und erhält einen Orden der Separatisten.

2017, 2020 und 2021:

Frauke Petry macht 2017 den Anfang, seither gibt sich die Parteispitze der AfD in Moskau die Klinke in die Hand. Im Dezember 2020 empfängt der russische Außenminister Sergei Lawrow den AfD-Chef Tino Chrupalla. Im März 2021 fährt AfD-Chefin Alice Weidel nach Russland, mit der Botschaft, die Sanktionen „endlich zu beenden". Im Sommer 2021 ist AfD-Chef Chrupalla erneut in Moskau und macht sich laut einem Bericht der FAZ zum „Sprachrohr der russischen Propaganda".

24. Februar 2022:

Die russische Armee überfällt die Ukraine. Seither verteidigt sich die Ukraine gegen Russland.

2022, 2023:

Einige AfD-Politiker reisen trotz des Krieges weiterhin nach Russland. Die Landtagsabgeordneten Hans-Thomas Tillschneider und Daniel Wald aus Sachsen-Anhalt sowie Christian Blex aus Nordrhein-Westfalen besuchen im September 2022 Russland. Von dort wollen sie dann weiter in die von Russland besetzten

Gebiete Donezk und Luhansk. Daran hindert sie der AfD-Vorstand. Aber die Reisen gehen weiter. Der AfD-Bundestagsabgeordente Petr Bystron fährt im November 2022 heimlich nach Weißrussland und sein Fraktionskollege Matthias Moosdorf auf eine Wirtschaftskonferenz nach St. Petersburg. Für Tillschneider geht es im August 2023 erneut nach Moskau.

Drei Beispiele für AfD-Politiker, die nach Russland reisten

Der Provokateur

Hans-Thomas Tillschneider

Hans-Thomas Tillschneider, Landtagsabgeordneter in Sachsen-Anhalt, hält auch in Kriegszeiten mit seiner Verehrung für Russland nicht hinter dem Berg. Kurz nach dem russischen Überfall auf die Ukraine schrieb Tillschneider auf Facebook: „Russland greift an, schreibt die Tagesschau. Falsch. Russland wehrt sich!“ Der Post wurde später gelöscht.

Im September 2022 reiste Tillschneider zusammen mit den Landtagsabgeordneten Daniel Wald aus Sachsen-Anhalt und Christian Bex aus Nordrhein-Westfalen nach Russland. Allein das war nach dem Überfall auf die Ukraine schon ein Tabubruch. Als die Reisegruppe dann weiter in die von Russland besetzten ukrainischen Provinzen Donezk und Luhansk[3] wollte, stoppte sie der AfD-Vorstand. Tillschneider setzte die Russlandreisen fort und formulierte seine Haltung so: „Transatlantiker gegen Eurasier! Wir müssen umdenken“, schrieb er auf Facebook.

Im August 2022 nahm er an einer Sicherheitskonferenz in Moskau teil, auf der er gegen das „Regenbogenimperium“ wetterte. Tillschneider sieht im Kampf gegen die Politik der Gleichberechtigung und sexuellen Selbstbestimmung Russland unter Putin als Bündnispartner. Vor allem seit dem Krieg wird in russischen Propagandashows Europa als „Gayeuropa“ und „Reich Satans“ diffamiert, der Krieg gegen die Ukraine als „Kreuzzug” gesehen.

3 Die Recherche findet sich auf zdf.de: „Donbass-Reise von AfD-lern abgebrochen“.

Der bestellte Wahlbeobachter

Stefan Keuter

Stefan Keuter ist Bundestagsabgeordneter der AfD aus Essen. Bevor Keuter in den Bundestag kam, hatte er mit Russland wenig zu tun. Er selbst schreibt, er habe die russische Hauptstadt lediglich vor 20 Jahren einmal besucht.

2017 zog Keuter für die AfD auf einem der hinteren Plätze der NRW-Landesliste in den Bundestag ein. Kaum im Bundestag, suchte Keuter die Nähe zu Russland. Seine Posts auf Facebook zeigen die Annäherung: Keuter besuchte Empfänge der russischen Botschaft.

2018 nahm er an einer von Russland organisierten Beobachtung der Präsidentschaftswahlen teil. Keuter lobte Russland unter Putin in russischen Medien. In einem auf Facebook veröffentlichten Bericht schreibt er, „dass die Bevölkerung der Meinung ist, dass Putin gut für Russland ist und sich für die Bevölkerung einsetzt, sowie nationale Interessen vertrete". Die Wahlen seien aus Keuters Sicht „frei, gleich und geheim". Es folgten weitere Reisen, selbst nach dem russischen Überfall auf die Ukraine.

Keuter nahm im April 2022 online an der Moskauer Konferenz „Wirtschaft gegen Sanktionen" teil. Dort kritisierte er – wie die *ARD* recherchierte – die Sanktionen und warf den deutschen Medien „Propaganda" vor. Russische Medien griffen eine Rede Keuters im Bundestag auf, in der er sagte: „Das ist nicht unser Krieg."

Der kritklose Gast

Tino Chrupalla

Der AfD-Bundesvorsitzende *Tino Chrupalla* reiste vor dem russischen Angriffskrieg gegen die Ukraine zweimal nach Moskau.

Im Dezember 2020 traf er den russischen Außenminister Sergej Lawrow. Kurz zuvor hatte die damalige Bundeskanzlerin Angela Merkel den vergifteten russischen Oppositionspolitiker Alexej Nawalny in der Charité besucht. Beobachter werten den Empfang des AfD-Politikers als russische Retourkutsche.

Ein halbes Jahr später reiste Chrupalla erneut nach Moskau und nahm an einer Konferenz des russischen Verteidigungsministeriums teil. Zu der Zeit zog Russland die Truppen an der ukrainischen Grenze zusammen. Doch von Kritik keine Spur. Vielmehr sprach sich Chrupalla dafür aus, die Sanktionen gegen Russland fallen zu lassen.

Die Russlandfreunde in der AfD

Die Begeisterung für Russland, den russischen Präsidenten Wladimir Putin, aber auch die Nutzung ideologisch aufgeladener Begriffe wie „Eurasien“ und „multipolare Welt“ ist unter den Mitgliedern der AfD verbreitet. Wir stellen hier eine kleine Auswahl vor.

Der rechte Ideologe

Björn Höcke

Björn Höcke führt die Landes-AfD und die Landtagsfraktion in Thüringen. Er gilt als völkischer Ideologe der AfD und als Strippenzieher in der AfD.

Seit dem Parteitag 2022 im sächsischen Riesa hat er seine innerparteiliche Macht gefestigt. Obwohl Höcke selbst nicht für den Bundesvorstand kandidierte, sagte er dem *ZDF*, dass der neu gewählte Vorstand „bisher vollständig meinem Geschmack“ entspreche. Die früheren AfD-Vorsitzenden Lucke, Petry und Meuthen scheiterten daran, Höcke wegen seiner Nähe zum Nationalsozialismus aus der Partei zu werfen, stattdessen verließen sie die Partei. Höcke kann presserechtlich als „faschistisch“ bezeichnet werden. Die Radikalisierung nach rechts geht bei Höcke mit einer Hinwendung nach Russland und zur nationalistischen, antiwestlichen Ideologie einher, die vom russischen Philosophen Alexander Dugin stammt.

Bei einer Rede zum Tag der Deutschen Einheit 2022 in Gera sagte er:

„Die US-amerikanische Regierung hat der deutschen Bundesregierung den wirtschaftlichen Selbstmord befohlen, und Scholz und Co führen diesen Befehl aus. Liebe Freunde, ich glaube, es geht nicht zu weit, wenn ich Folgendes feststelle: Es war und ist US-amerikanische Strategie als raumfremde Macht, auf unserem Kontinent Keile zu treiben, Keile zu treiben zwischen Völker und zwischen Nationen, die eigentlich sehr gut miteinander arbeiten könnten.“

„Der natürliche Partner, der natürliche Partner für uns als Nation, der Tüftler und Denker, der natürliche Partner unserer Arbeits- und Lebensweise wäre Russland; ein Land mit schier unerschöpflichen Ressourcen."

„Aber wenn ich mich jetzt für das deutsche Volk entscheiden müsste zwischen dem Regenbogenimperium, zwischen dem neuen Westen, zwischen dem globalistischen Westen und dem traditionellen Osten, ich wählte in dieser Lage den Osten."

Die Ideologie-Importeurin

Beatrix von Storch

Nach dem russischen Überfall auf die Ukraine hält sich die AfD-Politikerin *Beatrix von Storch* in der Öffentlichkeit mit einer Bewertung zurück. Vor dem Krieg war von Storch deutlicher. So in einem Tweet aus dem November 2019:

„(...) Gegen #NATO mit Putin. Deutschland ist dank #Merkel isoliert. Gesinnungsethik führt in die Sackgasse. Mehr Realismus wagen."

Bevor sich von Storch in der AfD engagierte, führten sie und ihr Mann eine Vielzahl von Organisationen, die sich gegen Abtreibung und das Selbstbestimmungsrecht der sexuellen Identität wandten. Auch die „Demo für Alle" macht als Protestbündnis seit 2014 bundesweit mobil gegen diese Themen. Dahinter stehen rechte und fundamentalistisch-christliche Akteure aus dem Umfeld der heutigen AfD-Bundestagsabgeordneten Beatrix von Storch. Eine bemerkenswerte Rolle spielt in diesem Zusammenhang der Oligarch Konstantin Malofejew. Er sieht Russland als Bollwerk gegen einen angeblichen Werteverfall in Europa. Der ultranationalistische Oligarch taucht wie der Philosoph Alexander Dugin immer wieder im Umfeld der AfD auf. Frau von Storch lässt CORRECTIV-Fragen zur „Demo für Alle" und zu Malofejew unbeantwortet.

Das Oberlandesgericht Hamburg urteilt im November 2022 über die Verbindungen Malofejews zur „Demo für Alle":

„Die Behauptung, dass Konstantin Malofejew Proteste wie die ‚Demo für Alle' organisiert habe, ist danach ebenfalls rechtmäßig verbreitet worden. Denn die fraglichen € 75.000,00 hat er nach dem (...) gegeben, damit der Gründer der Plattform CitizenGO Ignacio

Arsuaga diese für die Organisation aufbauen und publik machen konnte."

Der willfährige Helfer
Matthias Moosdorf

Matthias Moosdorf ist seit 2021 Bundestagsabgeordneter aus Sachsen. Seitdem, vor allem auch nach dem russischen Überfall auf die Ukraine, vertritt er als Mitglied des innerparteilichen Arbeitskreises „Ausland" prorussische Positionen.

Er organisierte ein „Friedenskonzert" im Bundestag, als die AfD-Bundestagsfraktion Anfang Februar 2023 eine sogenannte „Friedensinitiative" in den Bundestag einbrachte, die von der überwiegenden Mehrheit der Parlamentsabgeordneten abgelehnt wurde, da sie den Interessen Russlands entsprach. Moosdorf macht den Westen und vor allem die USA für den Krieg verantwortlich.

Im Mai 2023 besuchte er das für Putin prestigeträchtige Wirtschaftsforum in St. Petersburg, der Heimatstadt des russischen Präsidenten. Besuche von Unterstützern aus dem Westen nutzt die russische Regierung, um der eigenen Bevölkerung zu zeigen, dass Russland nicht isoliert sei. In den russischen Medien etwa wurde über den Auftritt des AfD-Abgeordneten berichtet. Moosdorf[4] unterstützt auch den Anspruch Russlands auf die Staaten Mittel- und Osteuropas. Zugleich stellt er den Schutz der Nato für die baltischen Staaten infrage:

„Es wird [keinen Frieden] geben, ohne die Fehler zu korrigieren, die mit der Erweiterung der NATO unter Ausschluss Russlands gemacht wurden."
Bundestag, 9. Februar 2023

Ein Abgeordneter, „der uns gehört":
Markus Frohnmaier

Der damalige Vorsitzende der Jungen Alternative, *Markus Frohnmaier*, begleitete 2016 den damaligen Europaabgeordneten Marcus Pretzell auf die Krim.

4 Die Recherche findet sich auf correctiv.org: „‚Arbeitskreis Außenpolitik' der AfD macht Stimmung für Putins Politik".

Er knüpfte früh Kontakt zu dem Rechtsextremen Manuel Ochsenreiter, der sich oft auf den russischen nationalistischen Philosophen Alexander Dugin bezog, und machte ihn nach dem Einzug in den Bundestag zu seinem Mitarbeiter. Erst als die Staatsanwaltschaft gegen Ochsenreiter wegen eines terroristischen Anschlags in der Ukraine ermittelte, entließ Frohnmaier ihn widerwillig. In einer E-Mail eines Mitarbeiters der russischen Duma an die Präsidialverwaltung im Kreml, die *Frontal* in einem Beitrag zitiert, heißt es[5]:

„Im Bundestag wird es einen Abgeordneten geben, der zu uns gehört und den wir absolut unter Kontrolle haben."

Frohnmaier wies gegenüber *Frontal* und *Spiegel* eine Abhängigkeit von Russland zurück. In einer Bundestagsdebatte im September 2023 greift Frohnmaier die Bundesregierung wegen der Hilfe für die Ukraine an:

„Und da muss ich schon mal fragen, Herr Habeck, sind Sie eigentlich der deutsche Wirtschaftsminister oder der Wirtschaftsminister der Ukraine? Vertreten Sie eigentlich deutsche Interessen oder vertreten Sie die Interessen des Auslands? Die Bürger in Deutschland kennen die Antwort. Diese Regierung, diese Bandera Baerbock, diese Wolodymyr Habecks, diese Sachwalter des Auslands, denen ist Deutschland doch völlig egal."

Die prorussischen Motive der AfD in Reden und in Sozialen Netzwerken

Auch in Reden, Äußerungen in den Sozialen Netzwerken sowie in Interviews und Programmen finden sich Aussagen und Thesen, an denen die Annäherung an Russland und die Loslösung aus der Westbindung abzulesen sind. Dabei werden immer wieder bestimmte Thesen verbreitet:

Die USA seien verantwortlich

„Aus diesem Krieg geht die Ukraine genauso als Verlierer hervor wie Russland. Es gibt nur einen Gewinner, und dieser Gewinner heißt USA."
Tino Chrupalla im Bundestag am 2. März 2023

5 Die Recherche findet sich auf zdf.de: „Der Fall Frohnmaier".

Der Krieg sei zwar schrecklich, gehe Deutschland aber nichts an

„Was es letztendlich für die Ukraine bedeutet und für Russland und für die Gebietseinteilung, das ist überhaupt gar nicht unser Thema“, sagte Weidel. „Wir müssen auf unser Land schauen.“
Alice Weidel im *Deutschlandfunk* am 6. April 2022

Es solle Frieden hergestellt werden, allerdings auf Kosten der Ukraine

„Gegen wirtschaftliche Russlandsanktionen und für die Wiederaufnahme kostengünstiger und umweltfreundlicher Gaslieferungen. Wir lehnen Waffenlieferungen ab.“
Zitat aus dem Flyer der Bayern-AfD zum Landtagswahlkampf 2023

An der Nordstream-Pipeline solle festgehalten werden

„Nordstream bleibt wichtiger Bestandteil deutscher Energiesicherheit.“
Tino Chrupalla am 4. Oktober 2022

Konzept der „multipolaren Weltordnung“ als Kampfbegriff gegen die Westbindung

Der Ausdruck „multipolare Welt“ ist für russische Nationalisten ein Kampfbegriff, der auch von der AfD übernommen wird.

„Nun spricht zwar auch unsere Bundesregierung ab und an von multipolare Weltordnung, aber unsere Bundesregierung meinte den Begriff so, dass sie damit eben nur beschreibt, dass sich jetzt in der Welt mehrere Machtzentren irgendwie herausbilden. So wurde er auf der Moskauer Sicherheitskonferenz nicht verwendet. Dort wurde er normativ verwendet. Er hat das Ziel bezeichnet. Alle dort waren sich einig. Wir wollen die multipolare Weltordnung. Und in diesem Sinn ist die multipolare Weltordnung der Gegenbegriff zur unipolaren Weltordnung, zur Weltherrschaft der USA.“

Hans-Thomas Tillschneider im Video in Moskau im August 2023

Der Einfluss der USA soll weltweit und auch in Europa zurückgedrängt werden. Die Welt ist diesem Konzept zufolge in Einflusszonen aufgeteilt, in denen die jeweiligen Großmächte über ihre Nachbarstaaten verfügen dürfen. Demnach hätte Russland freie Hand in der Ukraine und sogar über die baltischen Staaten sowie China in Taiwan. Vor allem der Ultranationalist Dugin nutzt diesen Ausdruck, der auch von AfD-Funktionären wie dem Spitzenkandidaten für die Europawahl, Maximilian Krah, übernommen wird. In seinem Buch „Politik von rechts. Ein Manifest" von 2023 schreibt er:

„Rechte Außenpolitik sucht Stabilität aufgrund gewachsener und natürlicher Bindung. Europa ist historisch, kulturell und ökonomisch auch eine solche Region, will es aber militärisch und politisch nicht sein, weil sich seine Eliten dem Globalismus verschrieben haben und als Vasall der USA agieren. In einer multipolaren Welt organisieren sich diese Regionen selber."

Der Europaabgeordnete Krah setzt auf die „multipolare Welt". Was das bedeuten würde, führt er in seinem Buch aus:

„Deshalb ist es richtig, wenn die konkrete Ausformung der Menschenrechte nicht global einheitlich, sondern je nach Kulturkreis verschieden verfolgt."

Diese harmlos klingende Formulierung birgt Sprengstoff. Krah gibt hier die unveräußerlichen und universellen Menschenrechte auf, die die Rechte eines jeden Menschen garantieren sollen. Danach könnte nun ein Staat oder ein „Kulturkreis" darüber befinden, ob er seine Bürger verfolgt oder foltert. Die Weltgemeinschaft bekannte sich zu den universellen Menschenrechten als Antwort auf die Verbrechen durch Deutschland unter den Nazis. Die „multipolare Weltordnung", wie Krah sie versteht, ist damit ein Angriff auf die Geltung der Menschenrechte. Krah setzt auf den Erfolg des russischen Angriffskrieges, um die „politische Macht des Westens" zu brechen:

„Die ökonomische, kulturelle und politische Macht des Westens erodiert. (...) Falls Russland mit seinem Vorhaben nicht komplett scheitert, wird es schnell eine andere Weltordnung und ein anderes Völkerrecht geben. Ohnehin aktive Veränderungsprozesse werden sichtbar und beschleunigt. Die politische Rechte kann dabei gewinnen."

Das Manifest von Krah bereitet einem Parteifreund, dem AfD-Bundestagsabgeordneten Norbert Kleinwächter, als einem der wenigen in der AfD offenbar Sorge. Er schreibt in Reaktion auf das Buch von Krah:

„Sein Manifest ist ausdrücklich anti-konservativ, anti-liberal, anti-freiheitlich, anti-bürgerlich, anti-christlich, anti-individuell, anti-rechtsstaatlich, anti-völkerrechtlich, anti-ethisch und anti-souveränistisch, vor allem aber anti-angelsächsisch und anti-westlich. (...) Ich jedenfalls will den Praxistest seiner Ansichten in Deutschland niemals erleben müssen."

„Eurasien" ist der zweite Kampfbegriff für die russische Vorherrschaft

Auch der Begriff „Eurasien" ist nicht allein eine geografische Beschreibung der Landmasse von Europa und Asien, sondern in diesem politischen Kontext ein weiterer Kampfbegriff, der ein von Russland dominiertes Europa zum Ziel hat. Der damalige russische Präsident Dmitri Medwedew forderte 2008 einen Wirtschaftsraum von Lissabon bis Wladiwostok, Medwedew wiederholte dies nach dem russischen Überfall auf die Ukraine. Einer der Köpfe dieser Eurasien-Ideologie ist wieder der Ultranationalist Dugin. Im Oktober 2022 schrieb der AfD-Politiker Hans-Thomas Tillschneider auf Facebook:

„Transatlantiker gegen Eurasier! Wir müssen umdenken."

Der lange Weg nach Osten wird in den Programmen der AfD sichtbar

Die Hinwendung der AfD nach Russland manifestiert sich nun im aktuellen Programm der AfD. Das Bekenntnis zur Nato und zu den USA, das die Partei 2014 noch deutlich hervorhob, verblasst; die Beziehungen zu Russland nehmen dagegen immer größeren Raum ein. In den vergangenen Jahren ist dieser Trend an den jeweiligen Programmen abzulesen. Mittlerweile will die AfD die EU verlassen oder auflösen und sucht eine Beziehung zu der von Russland dominierten Eurasischen Wirtschaftsgemeinschaft oder fordert, dass Deutschland einen Beobachterstatus in der von China und Russland beherrschten „Shanghai Organisation für Zusammenarbeit" erhält. Auch die „multipolare Welt" – der Kampfbegriff der russischen Nationalisten – findet Eingang in das AfD-Programm.

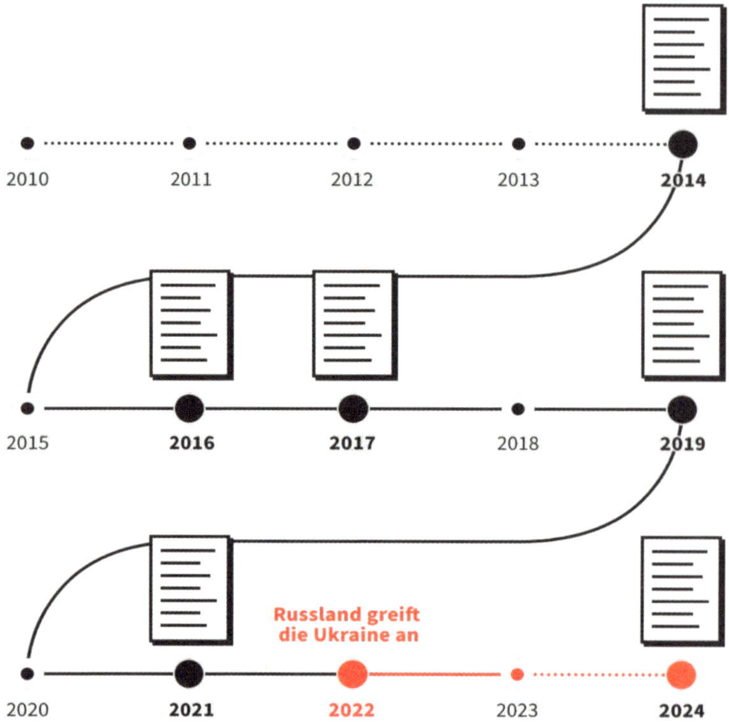

Unsere chronologische Auswertung der AfD-Programme und -Beschlüsse zeigt, wie prorussische Standpunkte in die Politik der Partei einsickern (Grafik: CORRECTIV).

Aus dem Europaprogramm 2014

„Die Nato ist und bleibt die Klammer einer transatlantischen Sicherheitsarchitektur, deren entscheidender Anker das Bündnis mit den USA ist."

Aus der Kurzfassung des Grundsatzprogramms 2016

„Die AfD setzt sich für den Abzug aller noch auf deutschem Boden stationierten alliierten Truppen und insbesondere deren Atomwaffen ein. (...) Der ‚Kalte Krieg' ist vorbei. Die USA bleiben unser Partner. Russland soll es werden. Die AfD setzt sich deshalb für ein Ende der Sanktionen und eine Verbesserung der Beziehungen zu Russland ein."

Aus dem Programm zur Bundestagswahl 2017

„Die zunehmende Fokussierung der USA auf den pazifischen und ostasiatischen Raum erfordert eine autonome deutsche Sicherheitsstrategie. (...) Eine Entspannung im Verhältnis zu Russland ist für die AfD Voraussetzung für einen dauerhaften Frieden in Europa. Es liegt im deutschen Interesse, Russland in eine sicherheitspolitische Gesamtstruktur einzubinden, ohne eigene Interessen und die unserer Bündnispartner außer Acht zu lassen. Die AfD tritt für die Beendigung der Sanktionspolitik ein. Die wirtschaftliche Zusammenarbeit mit Russland sollte vielmehr vertieft werden."

Aus dem Programm zur Europawahl 2019

„DEXIT - Der Austritt als letzte Option

Sollten sich unsere grundlegenden Reformansätze im bestehenden System der EU nicht in angemessener Zeit verwirklichen lassen, halten wir einen Austritt Deutschlands oder eine geordnete Auflösung der Europäischen Union und die Gründung einer neuen europäischen Wirtschafts- und Interessengemeinschaft für notwendig und werden die Entscheidung über den DEXIT bei den Bürgern einholen, so wie es nach unserem Modell der direkten Demokratie selbstverständlich ist. (...) Eine stabile Friedensordnung in Europa bedarf einer ausgewogenen Zusammenarbeit sowohl mit den USA als auch mit Russland. (...) die historischen und wirtschaftlichen Verbindungen mit Russland gebieten einen gegenseitigen Interessenausgleich, der dem Wohle aller europäischen Völker dient. Nur unter Einbeziehung Russlands ist eine stabile Friedensordnung in Europa denkbar. Die gegen Russland verhängten Sanktionen sehen wir als nicht zielführend an. Die AfD setzt sich für deren Abschaffung und eine Normalisierung der Beziehungen mit Russland ein. Wir befürworten eine verstärkte Zusammenarbeit mit der Eurasischen Wirtschaftsgemeinschaft und unterstützen die Erweiterung der bestehenden Gas-Pipeline in der Ostsee (Nord Stream 2) zwischen Russland und Deutschland."

Aus dem Programm zur Bundestagswahl 2021

„Eine Entspannung im Verhältnis zu Russland ist Voraussetzung für einen dauerhaften Frieden in Europa. Es liegt im deutschen und europäischen Interesse, Russland in eine sicherheitspolitische Gesamtstruktur einzubinden. (...) Die AfD tritt für die Aufhebung der EU-Sanktionen und den Ausbau der Wirtschaftsbeziehungen zu Russland ein. Die Fertigstellung und Inbetriebnahme der Gasleitung Nord Stream 2 halten wir für unverzichtbar."

Aus dem AfD-Beschluss zur Europawahl 2024

„Jegliche Dominanz außereuropäischer Großmächte in der europäischen Außen- und Sicherheitspolitik lehnen wir ab. Die Staaten Europas werden so in Konflikte hineingezogen, die nicht die ihren sind und ihre natürlichen Interessen – fruchtbare Handelsbeziehungen im europäisch-asiatischen Raum – diametral entgegenstehen."

„‚Einheit und Stärke nach außen – nationale Vielfalt nach innen' lautet daher die Formel, mit der die AfD den europäischen Pol in der multipolaren Weltordnung aufstellen will."

„Deutschland soll einen Beobachtungsstatus in der Shanghaier Organisation für Zusammenarbeit anstreben."

Die Ukraine-Unterstützer der AfD

Der prorussische Kurs blieb nach dem Überfall Russlands auf die Ukraine anfangs in der AfD nicht unwidersprochen. Ähnlich wie in anderen rechten Parteien Europas meldeten sich einige Mitglieder, Funktionäre und Mandatsträger, die sich auf die Seite der Ukraine stellten. Aus NRW besuchte eine Delegation von Landtagsabgeordneten zusammen mit dem Bundestagsabgeordneten Kay Gottschalk und dem Europaabgeordneten Guido Reil die Ukraine und erklärte ihre Solidarität. Einige AfD-Abgeordnete, darunter ehemalige Bundeswehroffiziere, unterstützen Waffenlieferungen an die Ukraine. Die Auftritte der AfD-Bundestagsabgeordneten Steffen Kortré und Eugen Schmidt in der russischen Propagandasendung von Wladimir Solowjow sorgten auch in der AfD für Empörung. Der AfD-Bundestagsabgeordnete Rüdiger Lucassen nannte diesen Auftritt „Volksverrat". In Chatgruppen kritisierten einige AfD-Abgeordnete zudem den Besuch von Tino Chrupalla und Alexander Gauland am 9. Mai 2023 in der russischen Botschaft, wie *Frontal*[6] zeigte. Allerdings stellen diese Stimmen nur eine Minderheit in der Partei dar.

6 Die Recherche und die geleakten Chatprotokolle finden sich auf zdf.de: „Wie die AfD intern über Russland spricht".

Die prorussische AfD-Bundestagsfraktion

In der Bundestagsfraktion überwiegen die Russland-Freunde. Zwei Bundestagsabgeordnete, Steffen Kortré und Eugen Schmidt, traten bei dem russischen Kriegspropagandisten Wladimir Solojew in dessen Sendung auf. Solojew droht regelmäßig Deutschland mit Militärschlägen und Auslöschung. Der AfD-Bundestagsabgeordnete Schmidt hatte, wie CORRECTIV zeigte[7], 2009 neben der deutschen Staatsbürgerschaft noch den russischen Pass.

Der Bundestagsabgeordnete Petr Bystron reiste heimlich zu Putins wichtigsten Verbündeten nach Belarus, und Matthias Moosdorf besuchte im Mai 2023 eine Wirtschaftskonferenz in St. Petersburg[8]. Die Abstimmung im Bundestag über die „Umfassende Unterstützung für die Ukraine" am 28. April 2022 zeigt die Haltung der AfD-Abgeordneten zum russischen Angriffskrieg in der Ukraine. Von 80 Abgeordneten stimmten 66 gegen Waffenlieferungen an die Ukraine.

7 Die Recherche findet sich auf correctiv.org: „Der russische Angriffskrieg spaltet die AfD vor NRW-Landtagswahl".
8 Die Recherche findet sich auf correctiv.org: „Heimlicher Abstecher: AfD-Politiker vertuscht Reise nach Belarus".

Abstimmungsverhalten der AfD Bundestagsfraktion

Ergebnisse der Abstimmung im Bundestag über die „Umfassende Unterstützung für die Ukraine“ am 28. April 2022.

✓ dafür × dagegen — Enthaltung   nicht abgestimmt

Name	Abstimmung
Bachmann, Caroline	×
Baum, Christina	×
Baumann, Bernd	×
Beckamp, Roger	✓
Bernhard, Marc	✓
Bleck, Andreas	×
Bochmann, René	×
Boehringer, Peter	×
Brander, Stephan	×
Braun, Jürgen	—
Bühl, Marcus	×
Bystron, Petr	×
Chrupalla, Tino	×
Curio, Gottfried	×
Dietz, Thomas	×
Ehrhorn, Thomas	×
Espendiller, Michael	×
Felser, Peter	×
Friedhoff, Dietmar	×
Frömming, Götz	×
Frohnmaier, Markus	×
Gauland, Alexander	×
Glaser, Albrecht	✓
Gnauck, Hannes	×
Gottschalk, Kay	×
Harder-Kühnel, Mariana Iris	×
Haug, Jochen	—
Hess, Martin	

Kleinwächter, Norbert	
Komning, Enrico	✗
König, Jörn	✗
Kotré, Steffen	✗
Kraft, Rainer	✓
Lenk, Barbara	✗
Lucassen, Rüdiger	✗
Moncsek, Mike	✗
Moosdorf, Matthias	✗
Münzenmaier, Sebastian	✗
Naujok, Edgar	✗
Nolte, Jan Ralf	
Otten, Gerold	✗
Peterka, Tobias Matthias	✗
Pohl, Jürgen	✗
Protschka, Stephan	✗
Reichardt, Martin	✗
Renner, Martin Erwin	✗
Rinck, Frank	✗
*Rothfuß, Rainer**	
Schattner, Bernd	✗
Schielke-Ziesing, Ulrike	✗
Schmidt, Eugen	✗
Schmidt, Jan-Wenzel	✗
Schneider, Jörg	✗
Schulz, Uwe	✗
Seitz, Thomas	✗
Sichert, Martin	
Spaniel, Dirk	✗
Springer, René	✗
Stöber, Klaus	✗
von Storch, Beatrix	✗
Weidel, Alice	✗
Weyel, Harald	
Wiehle, Wolfgang	✗
Wirth, Christian	✗
Wundrak, Joachim	✗
Ziegler, Kay-Uwe	✗

Prorussische Anträge und Anfragen

Auch schon vor dem russischen Überfall auf die Ukraine stellte die AfD gezielt Anfragen im Bundestag, die russische Narrative bedienten. Der Arbeitskreis „Ausland" der Bundestagsfraktion erstellt zudem Thesenpapiere, die etwa die USA als „raumfremde Macht" bezeichnen und den Interessen Russlands entsprechen, wie Recherchen von CORRECTIV und *Frontal* gezeigt haben.

- **Anfrage zur Vergiftung des Oppositionspolitikers Alexej Nawalny.** AfD sät Zweifel an der Verantwortung des Kremls[9].
- **Anfrage zu Sanktionen gegen Russland.** Die AfD betont die Schäden der Sanktionen für einzelne Wirtschaftszweige und Bundesländer, ohne den Grund der Sanktionen anzuerkennen[10].
- **Anfrage zur Sprengung der Nordstream-Pipeline.** Die AfD lenkt den Verdacht auf die USA[11].
- **Der prorussische Friedensplan:** Unter dem Begriff „Frieden" tritt die AfD für ein Einfrieren des Konflikts ein, der langfristig Russland zum Sieger machen würde[12].

Mitarbeiter in der Bundestagsfraktion arbeiten an Ideologie

Im Bundestag stützen sich die Abgeordneten auch auf die Expertise und Vorarbeiten ihrer Mitarbeiter, das ist bei der AfD-Bundestagsfraktion nicht anders. Bei der AfD fällt auf, dass einige Mitarbeiter eng mit Russland verbunden sind oder waren. Recherchen mehrerer Medien zeigen Sympathiebekundungen von Mitarbeitern der AfD-Fraktion.

Manuel Ochsenreiter

Der rechtsextreme Mitarbeiter des Bundestagsabgeordneten Markus Frohnmaier war einer der Strippenzieher für AfD-Verbindungen nach Russland. Ochsenreiter gründete das „Deutsche Zentrum für eurasische Forschung" und war mit Frohnmaier ab 2016 eng verbunden. Er soll Reisen von AfD-Politikern nach Russland und in die von Russland unterstützten Separatistengebiete organisiert haben, wie der Politikwissenschaftler Anton Shekhovtsov für die *Tagesschau* schrieb.

9 Die Kleine Anfrage findet sich über die Google-Suchanfrage „Drucksache 19/23352" in der Datenbank des Bundestages.
10 Die Kleine Anfrage findet sich über die Google-Suchanfrage „Drucksache 20/1294" in der Datenbank des Bundestages.
11 Die Kleine Anfrage findet sich über die Google-Suchanfrage „Drucksache 20/5989" in der Datenbank des Bundestages.
12 Die Kleine Anfrage findet sich über die Google-Suchanfrage „20/5551" in der Datenbank des Bundestages.

Nach dem Einzug der AfD in den Bundestag stellte Frohnmaier Ochsenreiter als Mitarbeiter ein. Frohnmaier musste Ochsenreiter jedoch entlassen, als die Staatsanwaltschaft gegen den rechtsextremen Russlandfreund ermittelte. Ochsenreiter solle einen Terroranschlag in der Ukraine gegen ein Zentrum der ungarischen Minderheit beauftragt haben, so der Vorwurf. Ochsenreiter floh nach Moskau, wo er im August 2021 an einem Herzinfarkt starb. Er verehrte den Philosophen Alexander Dugin. Ochsenreiter war auch für den russischen Oligarchen Konstantin Malofejew tätig.

Alexander Dugin schrieb zum Tod von Ochsenreiter am 19. August 2021 auf Facebook: „Er war ein überzeugter deutscher Patriot. Tapfer und mutig. Er hat sein Leben für die Multipolare Welt geopfert. Er war ein Gegner der offenen Gesellschaft und der Atlantiker. Er hat das größte Europa gewählt, das Eurasien, das Plurisversum."

Dimitrios Kisoudis

Der 42-jährige Kisoudis war früh für die AfD tätig. Er arbeitete anfangs für den Europaabgeordneten Marcus Pretzell, wechselte nach dem Einzug der AfD in den Bundestag und ist seit Februar 2022 für den Fraktions- und Parteivorsitzenden Tino Chrupalla tätig.

Der Historiker und Journalist ist ein Anhänger der eurasischen Idee, die eng mit Alexander Dugins Ideologie verbunden ist. Schon 2015 veröffentlichte er das Buch „Goldgrund Eurasien: Der neue Kalte Krieg und das dritte Rom". Zentrale These des Buches: Der Westen und die USA gehen zugrunde; dagegen etabliert sich unter dem russischen Präsidenten Wladimir Putin Russland zu einem dritten Rom. Deutschland solle sich an diesem orientieren. Die *FAZ* schrieb über das Buch: „Als Souffleure auf dieser gedanklichen Bühne kann man von weit hinten Carl Schmitt bisweilen laut und deutlich hören, aber auch, vorn am Bühnenrand, den russischen Radikalphilosophen und Putin-Einflüsterer Alexander Dugin. Er gilt als Chefideologe einer neuen eurasischen Bewegung, welche die natürliche, eben geographische Zusammengehörigkeit von Europa und Asien einschließlich der südlichen Ränder im nahen, mittleren und fernen Osten betont und diese Kräfte zu einem Gegengewicht gegen die amerikanische Hegemonie bündeln will."

Wladimir Sergijenko

Wladimir Sergijenko hat einen Hausausweis für den Bundestag von dem AfD-Bundestagsabgeordneten Eugen Schmidt. Schmidt besaß, wie CORRECTIV zeigte, noch 2009 neben der deutschen auch die russische Staatsbürgerschaft.

Über Sergijenko hat der *Spiegel*[13] eine ausführliche Recherche veröffentlicht. Zusammen mit dem ehemaligen AfD-Bundestagsabgeordneten Ulrich Oehme und Schmidt gründete er prorussische Vereine und ist als Berater einer auf Russland spezialisierten Rohstofffirma tätig. Er reiste nach dem russischen Überfall auf die Ukraine regelmäßig nach Russland und tritt dort in russischen Propagandashows auf. Bei einem Grenzübertritt fand der Zoll bei ihm eine hohe Summe Bargeld. Sergijenko soll laut der Recherche des *Spiegel* in Moskau angeboten haben, dafür zu sorgen, dass die AfD-Bundestagsfraktion gegen die Waffenlieferungen klagt, um diese zu verzögern.

Russland in den aktuellen Wahlkämpfen der AfD

Bayern: AfD sieht den Freistaat in Eurasien

Der bayerische Landesverband hat sich im Programm und in der Resolution ein antiwestliches Programm gegeben und stellt sich auf die Seite Russlands. Der Verband hat den Begriff „Eurasien" übernommen. Die Landesliste führen mit Katrin Ebner-Steiner und Martin Böhm zwei Anhänger von Björn Höcke als Spitzenkandidaten an.

Hessen: Der Aufstieg des ultrarechten Russlandfreundes Andreas Lichert

Der Höcke-Anhänger Andreas Lichert konnte sich auf der AfD-Landesliste Platz zwei sichern. Lichert kritisierte im hessischen Landtag die Waffenlieferungen an die Ukraine und die „einseitige Parteinahme" Europas sowie eine „peinliche transatlantische Anbiederung", wie die FAZ schrieb. Lichert sieht Deutschland in einem „Wirtschaftskrieg gegen Russland".

Europawahl: Der Spitzenkandidat Krah setzt auf Russland

Maximilian Krah kommt aus Sachsen und sitzt im Europaparlament sowie im AfD-Bundesvorstand. Er wurde auf dem Parteitag in Magdeburg 2023 zum Spitzenkandidaten der AfD für die Europawahl gewählt. Der Programmentwurf für die Europawahl ist antiwestlich geprägt. Die AfD will die Europäische Union überwinden und Deutschland in die „Shanghai Organisation für Zusammenarbeit" führen, einen von Russland und China beherrschten Klub von Diktaturen.

Der Spitzenkandidat Krah will Europa und Deutschland zusammen mit China und Russland in eine „multipolare" Welt führen. In seinem Buch „Politik von

13 Die Recherche findet sich auf spiegel.de: „Der russische Angriffskrieg spaltet die AfD vor NRW-Landtagswahl".

rechts. Ein Manifest“ formuliert Krah das „anti-freiheitliche“ und „anti-westliche“ Programm. Er hofft sogar auf einen Sieg Russlands, damit die alte Ordnung der Westbindung beendet wird.

Eine Moskaureise mit einer klaren Ansage

Als Hans-Thomas Tillschneider, Landtagsabgeordneter aus Sachsen-Anhalt, im August 2023 in Moskau war, berichtete er in einem Video von einer Sicherheitskonferenz, die er dort besucht habe. In diesem Zitat bündelt sich die Russland-Nähe der AfD. Tillschneider sagt, dass der Begriff „multipolare Weltordnung“ auf der Konferenz nicht „deskriptiv“ verwendet worden sei, wie es die Bundesregierung tue, sondern „normativ“. Das Ziel sei, die Vormachtstellung der USA zu brechen. Und er äußert seine Begeisterung darüber, dass der Begriff jetzt auch im Europa-Wahlprogramm seiner Partei stehe:

„Russland und China sind zusammen mit den vielen Verbündeten in der Welt nicht mehr willens, den Anspruch der USA auf alleinige Weltherrschaft hinzunehmen. (...) Wir wollen die multipolare Weltordnung. Und in diesem Sinn ist die multipolare Weltordnung der Gegenbegriff zur unipolaren Weltordnung, zur Weltherrschaft der USA. (...) Und deshalb bin ich auch sehr froh darüber, dass im Europawahlprogramm der AfD der Begriff der multipolaren Weltordnung gelan det ist und auch dort an prominenter Stelle als Kernbegriff steht.“

Das CORRECTIV-Team hinter der Recherche

Text und Recherche: Marcus Bensmann
Redaktion: Justus von Daniels
Collage: Ivo Mayr
Design: Nina Bender
Kommunikation: Valentin Zick
Mitarbeiter: Maike Dorn
Bildnachweise: Vorlagen Collage: picture alliance | Bundesarchiv, B 145 Bild-F088809-0038 / Creator: Joachim F. Thurn (Link, CC BY-SA 3.0 DE)
Bildnachweise: Achim Melde | DBT (Petr Bystron), Annette Riedl | picture alliance/dpa (Matthias Moosdorf), Bernd Weißbrod | picture alliance/dpa (Markus Frohnmaier), Carsten Koall | picture alliance/dpa (Beatrix von Storch), Inga Haar | DBT (Stefan Keuter, Steffen Kotré), Martin Schutt | picture alliance/dpa (Björn Höcke), Sebastian Kahnert | picture alliance/dpa | dpa-Zentralbild (Hans-Thomas Tillschneider), Sebastian Willnow | picture alliance/dpa (Tino Chrupalla), Sven Simon | picture alliance (Maximilian Krah)

Die AfD-Spitze und ihr Umgang mit den Terrorangriffen der Hamas gegen Israel

Alice Weidel und Tino Chrupalla verurteilten den Terrorismus der Hamas erst spät und nicht eindeutig. Die Neuwahl des AfD-Fraktionsvorstandes stärkt zudem die Unterstützer einer „multipolaren Weltordnung", die die Westbindung infrage stellt. Die AfD entfernt sich weiter von den Werten des Westens.

Das anfänglich lange Schweigen der AfD-Spitze zu den terroristischen Angriffen der Hamas in Israel sorgt parteiintern für Unruhe.

Als am 7. Oktober 2023 die Nachrichten über den Terrorangriff der Hamas in Israel um die Welt gingen, war die Fraktions- und Parteispitze um Alice Weidel und Tino Chrupalla abgetaucht. Außer von einigen AfD-Abgeordneten und einer Verurteilung des Anschlages durch den „Arbeitskreis Außenpolitik" war von der Bundestagsfraktion nicht viel zu hören. Von der Parteispitze gab es zunächst keine Reaktion.

Erst nach den Landtagswahlen in Bayern und Hessen sowie der Bestätigung des Vorstands der Bundestagsfraktion meldete sich Co-Parteichef Chrupalla schließlich am 11. Oktober mit einem bemerkenswerten Tweet:

„Der Angriff der #Hamas auf #Israel ist zu verurteilen. Ich trauere um alle Kriegstoten. Jetzt müssen Staaten der Region auf Deeskalation setzen, um einen Flächenbrand abzuwenden. Diplomatie ist das Gebot der Stunde. Eine tragfähige Lösung für alle Seiten muss das Ziel sein."

Die über 1.000 Opfer der Hamas-Terroristen setzt Chrupalla hier mit den getöteten Terroristen gleich. Er schreibt „Kriegstote", obwohl es sich um einen mörderischen Terrorangriff handelte. Während die USA Flugzeugträger vor die Küste Israels beordern, appelliert der AfD-Vorsitzende vor allem an die „Staaten der Region" und spricht Israel indirekt das Recht auf Selbstverteidigung ab.

Kritik innerhalb der Fraktion: Die späte Reaktion der Parteispitze sei „unprofessionell“ gewesen

Chrupalla hat sich auch nicht zu den Geiseln geäußert, darunter mehrere Deutsche, die die Hamas genommen hat.

Zuvor hatten die frühere AfD-Vorsitzende Frauke Petry und der frühere AfD-Politiker Marcus Pretzell, die 2017 die AfD verlassen hatten, das Schweigen der AfD-Spitze öffentlich kritisiert.

Am 10. Oktober schrieb Pretzell auf X (ehemals Twitter):

„Von Weidel, Chrupalla, Höcke oder Krah kein Tweet zu Israel. Nichts von islamistischen Terroristen, ermordeten und entführten deutschen Staatsbürgern. Erstaunlich, oder?“

Dass sowohl Alice Weidel als auch Tino Chrupalla nicht sofort reagierten, sei auf der Fraktionssitzung wenige Tage nach dem Hamas-Angriff als „unprofessionell“ kritisiert worden, heißt es aus Fraktionskreisen. Auf der Fraktionssitzung hatte die AfD-Bundestagsfraktion die Doppelspitze bestätigt. Nun hat sich die AfD offenbar darauf geeinigt, vor allem die Hamas-unterstützenden Aktionen in den deutschen Städten zu kritisieren und der Bundesregierung vorzuwerfen, indirekt die Hamas zu finanzieren.

Ideologie der „multipolaren Weltordnung“ sei der Grund für das Schweigen der AfD

Für andere in der AfD greift der Vorwurf der Unprofessionalität zu kurz.

Grund für das lange Schweigen der AfD-Spitze sei die „Ideologie der multipolaren Weltordnung“, die von vielen in der AfD getragen werde, heißt es nach CORRECTIV-Informationen aus AfD-Kreisen. Die Parteispitze unterstütze eine gute Beziehung zum Iran und zu Russland und lehne ab, was die Existenz Israels schütze: die Ordnungs- und Schutzmacht der USA.

Auf dem Parteitag zur Europawahl im August 2023 stimmten die AfD-Delegierten für eine Präambel des Wahlprogramms, in der die USA indirekt als eine der „außereuropäischen Großmächte“ beschrieben werden, die in Europa „Konflikte“ schüren.

Das Konzept der „multipolaren Weltordnung“ sieht sowohl ein Zurückdrängen der USA vor als auch eine Hinwendung zu den regionalen Großmächten wie Russland, China oder eben auch Iran.

Den Bogen spannt auch der AfD-Spitzenkandidat für die Europawahl, Maximilian Krah. Er bezeichnet in dem Buch „Politik von rechts. Ein Manifest“ die Errichtung des Mullahregimes im Iran als „erstes Erwachen“. Und dieses Buch erschien ausgerechnet in einer Zeit, in der Hunderttausende Frauen unter Lebensgefahr gegen das Regime protestierten. Er schreibt:

„Ein mental konservativ Denkender wird immer die eigene Tradition fortsetzen wollen, nicht die fremde Tradition. Das sollte spätestens mit der Islamischen Revolution im Iran 1978/1979 unbestritten sein. Der Westen gewinnt in den nichtwestlichen Ländern exakt jene Menschen, die mit den lokalen Traditionen hadern, vielleicht weil sie politisch links ticken, einer sexuellen Minderheit angehören oder sonstwie am Rande der traditionellen Gesellschaften stehen.“

Unterstützer einer „multipolaren Weltordnung“ gewinnen an Macht im Fraktionsvorstand

Der AfD-Spitzenkandidat Krah steht mit seinem Iran-Bild in der AfD nicht allein. CORRECTIV berichtete Anfang 2023 über ein Thesenpapier aus der Fraktion, in dem vorgeschlagen wird, das Regime im Iran nicht mehr „Mullahregime“ zu nennen; die Welt berichtete Anfang 2023 zudem über einen umstrittenen Besuch des AfD-Abgeordneten Roger Beckamp in der iranischen Botschaft.

Die Kritiker an dem derzeitigen außenpolitischen Kurs verlieren an Macht und Einfluss. Bei den Vorstandswahlen konnten die Unterstützer der multipolaren Weltordnung ihre Macht stärken. So zog der Bundestagsabgeordnete und Russland-Unterstützer Stefan Keuter in den Fraktionsvorstand ein. Norbert Kleinwächter wiederum, der die Thesen des EU-Wahl-Spitzenkandidaten Krah scharf kritisierte, flog aus dem Fraktionsvorstand.

Der CORRECTIV-Mitarbeiter hinter der Recherche

Text und Recherche: Marcus Bensmann

Liebesgrüße aus Moskau

Die Zuneigung der AfD zu Russland ist nicht einseitig. Die Rechtspopulisten bekommen immer wieder Unterstützung aus Moskau. Die Alternative für Deutschland ist fester Bestandteil prorussischer Desinformationskampagnen, wie Recherchen unserer CORRECTIV.Faktencheck-Redaktion zeigen.

Über Monate hat das Team unserer Faktencheck-Redaktion eine prorussische Desinformationskampagne beobachtet. Die Kampagne hat vor allem mit Fake-Profilen auf Facebook und in anderen Sozialen Netzwerken gearbeitet. Über das Netzwerk verbreitete sie Falschnachrichten. Diese wiederum wurden, um ihnen den Anschein seriöser und glaubwürdiger Berichterstattung zu geben, auf Fälschungen von Webseiten etablierter Nachrichtenmedien veröffentlicht. Sogar die Seite des Bundesinnenministeriums wurde täuschend echt nachgebaut. Um die so generierten Desinformationen zu bewerben, schaltete die Kampagne teilweise Werbeanzeigen. Unsere Recherche zeigte: Die Werbeanzeigen verwiesen nicht nur auf eigene Falschnachrichten, sondern auch auf Inhalte von AfD-Politikern. Das Netzwerk, das Fakes im Sinne Russlands streute, unterstützte also auch die Alternative für Deutschland. Beginnen wir aber am Anfang.

Im September 2022 berichtete unser Faktencheck-Team über die bisher größte und komplexeste russische Desinformationskampagne, die seit dem Angriff auf die Ukraine bekannt geworden ist: Mit Fälschungen von mehr als 60 Webseiten großer Medien wurden Fakes über die Ukraine verbreitet. Darunter waren täuschend echt wirkende Imitate von *Spiegel*, *Süddeutsche*, *Tagesspiegel*, *Bild*, *t-online* und *Welt*, aber auch des britischen *Guardian* oder der italienischen Nachrichtenagentur *Ansa*. Das Ziel: Die gefälschten Nachrichtenartikel sollten über ein Social-Media-Netzwerk aus Bots und Fake-Konten Zweifel am Kurs der EU und der heimischen Regierung säen. Eine Meldung im Design der *Bild*-Zeitung titelte zum Beispiel: „Ein Teenager wird in Berlin wegen Einsparungen bei der Straßenbeleuchtung getötet." Auf einer gefälschten Seite des *Spiegel* hieß es: „Sanktionen gegen Russland schaden nur Deutschland."

Ein weiteres Narrativ, das häufig mit Falschmeldungen über das Netzwerk ausgespielt wurde, um Stimmung gegen die Ukraine und ukrainische Geflüchtete in Europa zu machen, war der angebliche Schwarzmarkthandel mit Waffen, die eigentlich für die Ukraine bestimmt waren. Die Message dahinter: Die Ukrainer sind keine dankbaren Verbündeten, sondern Kriminelle, die aus unseren Hilfen persönlichen Profit schlagen.

Derartige Falschnachrichten schüren Ängste in der Bevölkerung und lassen sich nutzen, um die Politik der Ampelregierung zu attackieren. Damit spielte die prorussische Desinformation dem Rechtspopulismus der AfD in die Hände. Wie das nachfolgende Beispiel zeigt, wurden die Desinformationen von den Rechtspopulisten aufgenommen und für die eigene Agenda genutzt. Noch heute findet sich die Falschnachricht unverändert auf der Facebook-Seite der AfD-Abgeordneten Olga Petersen.

Was ins Bild passt, wird geteilt

Am 6. September 2022 ging ein Telegram-Video viral, in dem es hieß, auf einem Schiff im Bremer Hafen seien zwei Stinger-Raketen gefunden worden, die eigentlich für die Ukraine bestimmt gewesen seien. Nun seien sie auf dem Schwarzmarkt gelandet. Das Video wurde in zahlreichen Accounts auf Telegram und Twitter weiterverbreitet. Unsere Faktenchecker konnten belegen, dass das Video eine falsche Tonspur hatte und es die angeblichen Festnahmen der ukrainischen Schmuggler in Bremen nie gab.

Am 8. September wurde die Falschnachricht weitergedreht: Ein ukrainischer Radiosender habe „interessante Dokumente" zu dem Fall veröffentlicht, hieß es auf Telegram vom „Journalisten Freikorps", einem ominösen Kanal von angeblichen Journalisten, die auch schon das erste Video verbreitet hatten. Gezeigt wurde ein Brief des ukrainischen Verteidigungsministers Oleksij Resnikow, in dem dieser angeblich über den Waffenfund in Bremen schreibt. Der Brief war ebenfalls eine Fälschung.

Parallel wurden weitere Storys über den angeblichen Waffenschwarzmarkt in Deutschland ausgespielt. Die erste lautete: Ein Student in Dresden habe dieselbe Art von Stinger-Raketen aus der Ukraine, die auch in Bremen aufgetaucht seien, im Internet entdeckt. Er habe sich damit an die Polizeidirektion Dresden gewandt.

Ebenfalls am 8. September veröffentlichte „Journalisten Freikorps", man habe ukrainische Telegram-Chats entdeckt, in denen Menschen angeworben würden, um im Darknet auf dort angebotene Waffen zu bieten. In den Anzeigen, auf die geboten werden solle, würden „die gleichen Stinger" angeboten.

Die verbreiteten Falschinformationen über Waffenschmuggel blieben nicht lange im Social-Media-Kosmos: Eine deutsche Webseite namens *Weltexpress* griff die gesamten „Recherchen" von „Journalisten Freikorps" am 14. September ohne jede Einordnung oder Überprüfung auf. Der Titel ist alarmistisch: „Die militärische Hilfe für die Ukraine birgt eine unmittelbare Bedrohung für die Bewohner Europas." Im Text heißt es weiter: „Die aufgedeckten Fakten stellen mit aller Schärfe erneut die Frage an Deutschland und die anderen EU-Ländern, ob eine Fortsetzung der Militärhilfe für die Ukraine weiterhin zu rechtfertigen ist."

Die Hamburger AfD-Politikerin Olga Petersen verbreitet auf Facebook eine Desinformation aus dem prorussischen Netzwerk (Screenshot: CORRECTIV).

Diesen Bericht teilte am 27. September die Hamburger AfD-Politikerin Olga Petersen auf Facebook: „Es häufen sich die Berichte zum Waffenschmuggel über die Häfen von Bremerhaven und auch unsere schöne Stadt Hamburg findet Erwähnung in den Berichten", schrieb sie. „Um der Sache auf den Grund zu gehen, möchte ich eine Anfrage an den Hamburger Senat stellen."

Hamburg wird in dem Bericht nicht erwähnt, woher der vermeintliche Bericht aus der Hansestadt stammen soll, bleibt offen. Petersen stellte dennoch eine Anfrage an den Hamburger Senat. In der Antwort vom 4. Oktober 2022 heißt es schlicht: „Den zuständigen Behörden liegen keine Erkenntnisse im Sinne der Fragestellungen vor."

Für Petersen anscheinend kein Grund, ihre Behauptung zu revidieren. Der Facebook-Post befindet sich auch noch im Februar 2024 unverändert auf ihrem Profil. Auf einen Hinweis in der Kommentarspalte, dass es sich hierbei um „bekannte russische Propaganda" handele, hat die Abgeordnete nicht reagiert. Der Kommentator hat Petersen sogar einen englischsprachigen Faktencheck zu dem prorussischen Propagandanetzwerk verlinkt.

Das falsche Ministerium

Kehren wir zurück zum eigentlichen Netzwerk aus Social-Media-Konten und -Kanälen: Die Berichterstattung über die Falschnachrichten und Fake-Webseiten drängte den Facebook-Konzern Meta zum Handeln. Der Konzern identifizierte nach eigenen Angaben mehr als 1.600 Facebook-Konten, 700 Facebook-Seiten und 29 Instagram-Konten, aber auch Telegram- und Twitter-Accounts. Sie streuten die Falschmeldungen wie das Telegram-Video und auch die Inhalte der geklonten deutschen Nachrichten-Webseiten systematisch im Netz. Laut Meta wurden die Konten gesperrt.

Spätestens ab Mitte Februar 2023 war die Kampagne allerdings wieder aktiv – wie unsere CORRECTIV.Faktencheck-Redaktion belegen konnte. Über mehrere Wochen haben die Kollegen Hunderte von Facebook-Anzeigen gesichtet. Fast täglich wurden neue Facebook-Seiten mit willkürlich klingenden Namen wie „Furtive Toes“ oder „Steadfast Pets“ erstellt, die dann wiederum bezahlte Anzeigen mit prorussischen Inhalten schalteten. Diese bewarben Propagandaseiten und Fälschungen von Webseiten der deutschen Regierung, aber auch reale Inhalte von AfD-Politikern.

„Russische Desinformation erfindet nicht die spaltenden Themen“, sagt Alice Echtermann, Leiterin von CORRECTIV.Faktencheck. „Sie ist einfach gut darin, die gesellschaftlichen Schwachpunkte zu erkennen und immer wieder in diese Kerbe zu hauen.“ Das Thema, das Europa zerreißen könne, sagt Echtermann, „ist meiner Ansicht nach das Thema Migration, das langfristig immer wieder zu Konflikten führt und damit auch zum Sieg rechtspopulistischer Parteien. Deswegen zielt die russische Desinformation mit Freude immer wieder auf dieses Thema, um so die europäischen Gesellschaften zu destabilisieren.“

Besonders perfide ist die Propaganda um das Reizthema Migration beim Beispiel der gefälschten Webseite des Innenministeriums. „Es ist an der Zeit, sich für einen gemeinsamen Sieg zu vereinigen“, heißt es auf dem vermeintlichen Online-Auftritt des „Bundesministerium des Inneren und für Heimat“. Die Aufmachung wirkt täuschend echt, die Menüpunkte, die Kontaktdaten, alles – nur der Inhalt könnte stutzig machen[14]: In dem Artikel geht es um ein Programm, durch das ukrainische Geflüchtete auf deutsche Privathaushalte verteilt werden sollen. „Damit wird das Problem der ukrainischen Geflüchteten gelöst“, steht da.

14 Dass es sich nicht um die echte Webpräsenz des Ministeriums handelt, wird erst beim genaueren Blick auf die URL deutlich: „bmi.bund.pe“ steht da statt „bmi.bund.de“. Alles andere gleicht der echten Seite bis ins Detail.

Ein weiterer Inhalt der Fake-Ministeriums-Seite, den das prorussische Desinformationsnetzwerk bewirbt: Eine angebliche Veröffentlichung des BMI zu einem Vorschlag für Änderungen im Migrationsrecht. In einem gefälschten Gesetzesentwurf dazu heißt es, wer Ukrainerinnen und Ukrainern eine Wohnung vermiete, müsse das den Behörden melden, um „die Bildung neuer krimineller ethnischer Gruppierungen" zu verhindern.

Im Klartext: Einerseits werden Bürgerinnen und Bürger vermeintlich gezwungen, Flüchtende in ihren Privatwohnungen aufzunehmen, was einen krassen Eingriff des Staates in den persönlichen Raum bedeutet, und gleichzeitig werden die Flüchtenden als kriminelle Gefahr dargestellt – mit derartigen Falschmeldungen bedienen prorussische Propagandisten perfekt die Narrative rechter Parteien. „Wenn Parteien wie die AfD oder die Fratelli d'Italia an Macht gewinnen, ist das für Russland super", sagt CORRECTIV-Faktencheckerin Echtermann. „Gar nicht unbedingt, weil das Freunde von Russland sind, sondern einfach, weil der Westen dadurch nicht mehr geeint auftritt. Diese rechten Parteien sind meist gegen eine starke EU, sie fördern Zersetzungstendenzen. Und wenn die EU nicht stark zusammensteht, ist das für Russland zum Vorteil."

Nutznießer AfD

Von der prorussischen Kampagne profitierten aber auch ganz konkret Abgeordnete und Mitglieder der AfD. Darunter etwa Harald Weyel, Abgeordneter im Bundestag und stellvertretender Schatzmeister im Bundesvorstand der AfD. Mehrere Beiträge des Netzwerkes führten zu einem Video mit ihm.

Darüber hinaus fand CORRECTIV.Faktencheck mehr als ein Dutzend bezahlte Facebook-Anzeigen, die verschiedene Inhalte von Mitgliedern und Bundestagsabgeordneten der AfD bewarben. Eine Verbindung dieser Anzeigen zum Rest der Kampagne lässt sich durch gemeinsam verwendete URLs belegen – dieselben Domains, die auf Inhalte von AfD-Politikern weiterleiteten, wurden auch von anderen Facebook-Seiten der Kampagne verwendet, um Fake-Artikel und Propaganda zu teilen.

Eine Verbindung zu den beworbenen Organisationen und Personen ist allerdings nicht belegt – möglich ist auch, dass sie ohne ihr Wissen beworben wurden. Die von uns gesichteten Anzeigen stellten außerdem nur einen Ausschnitt dar. Welch großes Ausmaß die Kampagne annahm und ob noch weitere Inhalte dieser oder anderer Politiker oder Organisationen beworben wurden, können wir nicht sagen. Aber schauen wir uns den konkreten Fall des AfD-Abgeordneten Weyel genauer an.

Am 5. und 6. Mai 2023 schaltete eine Facebook-Seite insgesamt sechs bezahlte Anzeigen, um ein Video mit Harald Weyel zu bewerben. Das Video wurde vom der AfD nahestehenden *Deutschland-Kurier* veröffentlicht. In dem Video behauptet der Bundestagsabgeordnete Weyel, dass in der Westukraine russisch-orthodoxe Kirchen „angegriffen", ihre Anhänger verfolgt werden würden, und leitet daraus ab, dass ein EU-Beitritt der Ukraine nicht gerechtfertigt sei. Bei seinen Ausführungen stützt er sich auf einen wahren Kern: Seit Jahren verdächtigt Kiew die orthodoxe Kirche, enge Beziehungen zu Moskau zu pflegen, und ermittelt auch gegen einzelne Kirchenvertreter.

Der thematische Aufhänger scheint nicht zufällig. Mehrere andere Facebook-Anzeigen der Desinformationskampagne gingen ebenfalls auf das angespannte Verhältnis zwischen Kiew und der Kirche ein, wie die französische Tageszeitung *Le Monde* berichtete. „Welche Grausamkeit! Wollen wir Menschen in die Europäische Union aufnehmen, die Kirchen niederbrennen und Priester töten?", hieß es etwa in einer der untersuchten Facebook-Anzeigen. Wenige Wochen vor diesen Anzeigen kursierte im Internet die falsche Behauptung, ein Video zeige, wie „Radikale" eine Kirche in der Ukraine in Brand setzten. Eine von unserem Team aufgedeckte Desinformation – die Aufnahme stammte aus Russland und war zehn Jahre alt.

Weyel schreibt an CORRECTIV.Faktencheck, dass ihm die Kampagne vor der Anfrage nicht bekannt gewesen sei: „Wer meine im direkten oder indirekten Zusammenhang mit Bundestags- und Europaratmandat etc. entstehenden Publikationen aufgreift oder gar ‚bewirbt'(?), weiß ich nicht und kann ich genauso wenig beeinflussen wie diejenigen, die selbige totzuschweigen oder kaputtzuframen trachten."

Gemeinsam gegen die Westbindung

Das Video ist nicht das erste Statement, mit dem sich Weyel seit Beginn des Ukraine-Krieges klar prorussisch positioniert. Im Juni 2022 gründete er zusammen mit anderen AfD-Parteimitgliedern den Verein „Vereinigung zur Abwehr der Diskriminierung und der Ausgrenzung Russlanddeutscher sowie russischsprachiger Mitbürger in Deutschland" (Vadar). Für diesen Verein machte das Netzwerk ebenfalls Werbung.

Der Verein attestiert Deutschland eine „russlandfeindliche Stimmung" und will „Russlanddeutschen und russischsprachigen Mitbürgern", die durch den Angriffskrieg diskriminiert oder ausgegrenzt würden, anwaltliche Hilfe anbieten. Vadar teilt sich laut einem Bericht der *Sächsischen Zeitung* ein Bankkonto mit einem Institut, das mehrheitlich in russischem Besitz ist. Laut der *ARD* prüfen deutsche Sicherheitsbehörden die Russland-Verbindungen des Vereins.

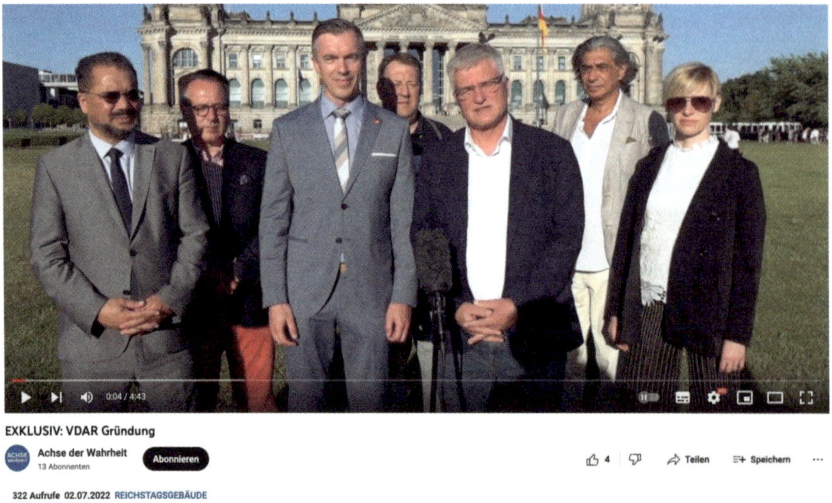

In einem Video, das auf dem Youtube-Kanal von „Achse der Wahrheit“ veröffentlicht wurde, sprachen Vereinsmitglieder letztes Jahr vor dem Bundestag über die Gründung von Vadar (damals noch VDAR genannt). Harald Weyel (links) sowie Ulrich Oehme (dritte Person von rechts) waren anwesend (Quelle: Youtube; Screenshot: CORRECTIV).

Anfang Juni 2023 bewarben Facebook-Anzeigen, die unser Faktencheck-Team dem prorussischen Netzwerk zuordnen konnte, Links, die zu Telegram-Beiträgen des Vereins führten. Ein Beitrag behauptete, eine deutsche Bank würde russische Kunden diskriminieren. Ein anderer Beitrag über den Bankrott eines Süßwarenherstellers sollte Angst um die wirtschaftliche Situation Deutschlands schüren. In einer Facebook-Anzeige, die auf den Vadar-Text verlinkt, heißt es: „Diese Grünen haben bereits fast alle klein- und mittelständischen Unternehmen im Lande getötet. (…) Dies wird vor allem von den Vereinigten Staaten genutzt. Sie sind dabei, unsere Industrie zu übernehmen.“ Auch andere Anzeigen der Kampagne richteten sich gegen die Grünen, etwa gegen Robert Habeck und Annalena Baerbock, und führten unter anderem zu Artikeln von RRN, einer prorussischen Propagandaplattform.

Dasselbe Schema: Eine Facebook-Anzeige warb für einen Beitrag des prorussischen Vereins Vadar. Der unverfänglich aussehende Link führte zu einem Telegram-Beitrag des Vereins (Quelle: Facebook; Screenshot: CORRECTIV).

Vorsitzender von Vadar ist das AfD-Mitglied Ulrich Oehme, ein ehemaliger Bundestagsabgeordneter. Als „Wahlbeobachter" reiste er 2018 in die von Russland annektierte Krim, die Kosten übernahm das russische Parlament.

Kurz vor der Gründung von Vadar startete Oehme im Sommer 2022 ein weiteres Projekt: „Achse der Wahrheit", ein Telegram-Kanal, der „die Stellung konservativer Parteien" in Europa „näher bringen" soll. Auch dieses Projekt wird vom Propagandanetzwerk auf Facebook beworben. In dem Video, das „Achse der Wahrheit" auf Telegram veröffentlicht hat, sagt der AfD-Abgeordnete Edgar Naujok, er sei gegen Waffenlieferungen an die Ukraine, es sei „nicht unser Krieg". Diese Phrase taucht auch in mehr als einem Dutzend Facebook-Anzeigen, die Teil der Desinformationskamapagne sind, als Hashtag auf: „#nichtunserKrieg".

Und so spielen sich AfD-Politiker und prorussische Desinformationsnetzwerke gegenseitig in die Hände, um die Westbindung zu unterwandern, ein gemeinsames Europa zu schwächen und die öffentliche Diskussion in Deutschland nach ihren Vorstellungen zu beeinflussen.

Das CORRECTIV-Team hinter der Recherche

Text und Recherche: Bastian Schlange, Alice Echtermann, Uschi Jonas, Max Bernhard

KAPITEL 3

DIE GELDER ZUR MACHT

Begonnen hat unsere Recherche im Ruhrgebiet mit ein paar dubios finanzierten Plakaten in einem Essener Stadtteil. Angewachsen ist sie zu einer Spendenaffäre in Millionenhöhe mit Geldflüssen über Ländergrenzen hinweg. Der Skandal ist beispiellos in Deutschland und hat die AfD schon jetzt Hunderttausende Euro an Strafzahlungen gekostet.

Jahrelange Recherche liegt hinter uns. Interne Unterlagen führten zu einer Schweizer Werbeagentur. Die ehemalige AfD-Parteichefin Frauke Petry packte über einen Milliardär aus, der es vorzieht, im Schatten zu bleiben. Offenbar brachte er gezielt mit verdeckten Spenden die Extremisten in der AfD nach vorn.

Wahrscheinlich finanzierte er auch das Facebook-Wunder der Rechtspopulisten, das die AfD zur erfolgreichsten Partei in den Sozialen Netzwerken machte und den Grundstein einer rechten Gegenöffentlichkeit legte.

Die Gelder zur Macht, Teil I, veröffentlicht am 13. Juli 2017

Der Ruhrpott und das Schweizer Plakatgeheimnis

Es ist die Spitze des Eisberges unserer jahrelangen Recherche zu den illegalen Spenden und Wahlkampffinanzierungen der AfD: Eine Schweizer PR-Agentur hat dem AfD-Landtagskandidaten in NRW Guido Reil 2017 Wahlplakate bezahlt, und das ohne den Geldgeber zu nennen. Der AfD-Politiker behauptet, die Parteigremien über das Angebot aus der Schweiz informiert zu haben. Das nährt den Verdacht der verdeckten Parteienfinanzierung. Damit beginnt unsere Recherche zur AfD-Spendenaffäre.

Die Texte in diesem Kapitel bauen chronologisch aufeinander auf. Fragen zu den Ermittlungen der Staatsanwaltschaft oder dem Handeln der Bundestagsverwaltung beantworten sich häufig im darauffolgenden Artikel. Bei Langzeitrecherchen können Artikel neue Zugänge und Quellen öffnen. Die Veröffentlichungen sind ein Bestandteil der Recherche. Deswegen haben wir uns entschieden, sie so abzudrucken. Dieser Text erschien vor sieben Jahren.

Bei der Landtagswahl 2017 in Nordrhein-Westfalen rechnete die AfD mit einem zweistelligen Ergebnis. Am Ende kam sie gerade mal auf 7,4 Prozent. In einigen Wahlkreisen im Ruhrgebiet schnitt die Partei aber erstaunlich gut ab. Das lag vor allem an Guido Reil, dem Bergmann und ehemaligen Ratsherrn der SPD in Essen.

2016 wechselte Reil von den Sozialdemokraten zur AfD, saß in Talkshows wie *Hart aber fair* und wurde schnell zu einer prominenten Figur bei den Rechtspopulisten. Die AfD im bevölkerungsreichsten Bundesland setzte auf Reil als Werbefigur und machte ihn zum Steiger der AfD. Ein Steiger ist eine zentrale Aufsichtsperson im Bergbau.

Das doppelte Zugpferd

Die Partei zielte damit vor allem auf unzufriedene bisherige SPD-Wähler im Ruhrgebiet. Reil kandidierte im Wahlkreis Essen I – Mülheim II. Dort holte er 13,1 Prozent der Stimmen, in seinem Viertel Essen-Karnap kam Reil sogar auf mehr als 20 Prozent.

Reil war vor der Wahl im Straßenbild vieler Ruhrgebietsstädte fast allgegenwärtig. An die 150 Plakatwände mit seinem Gesicht hingen in Reils Wahlkreis und in den umliegenden Kommunen. Mit zwei verschiedenen Motiven. Von zwei verschiedenen Auftraggebern. Und hier wird es interessant.

Das erste zeigt ihn mit Helm, Grubenlampe und Ruß-geschminktem Gesicht. Dazu der Slogan: **„Im Herzen Sozi. Deshalb bei der AfD. Glück auf, mein NRW."** Unten rechts das Logo der AfD und der Hinweis auf den Landesverband. Nach internen Informationen sollen für dieses Motiv allein an die 100 Plakatflächen auf Flächen des Werbeunternehmens Ströer gebucht worden sein, nach Beobachtung von Reil vor allem außerhalb des Wahlkreises.

Ein zweites Plakat zeigte Reil in Outdoorjacke mit dem Spruch: „Wirklich einer von uns!" Unten rechts das Logo der AfD – und kein Hinweis auf den Landesverband. Dieses Plakat hing in Reils Wahlkreis in Essen. Drei Dutzend von diesem Motiv sollen in Essen auf Flächen der Plakatfirma Ströer gehangen haben, hinzu kamen Aufsteller anderer Anbieter.

Ströer gebe „grundsätzlich keine Auskunft zu Aufträgen oder Daten von Kunden", sagt der Sprecher der Firma auf Anfrage, und für die Wahlplakate seien ausschließlich die dort angegebenen Parteien selbst verantwortlich.

Da die Menge an Plakaten viele überrascht hat, bleibt die Frage: Woher kam das Geld dafür?

Anonymer Auftraggeber

Das Geld kam nach Recherchen von CORRECTIV von der in der Schweiz ansässigen Goal AG, einer PR-Agentur aus Zürich, die schon oft in Verbindung mit anonymen Spenden für die AfD gebracht wurde. Vieles deutet darauf hin, dass die AfD damit eine illegale Parteispende angenommen haben könnte.

Einen Monat vor der Landtagswahl in Nordrhein-Westfalen – so bestätigt es Guido Reil in einem Gespräch mit CORRECTIV, das wir in Essen aufgezeichnet haben – erhielt er einen Anruf von einer Mitarbeiterin der Goal AG. Reil vermutete nach dem Anruf zuerst einen Scherz der Satirezeitschrift *Titanic*. Die Mitarbeiterin der Agentur erklärte, man wolle seinen Wahlkampf unterstützen und Großplakate mit seinem Konterfei im Wahlkreis aufstellen. Ohne Kosten für Reil. Wer das bezahlt hat, wer die Auftraggeber waren, wollte die Agentur Reil nicht sagen.

Es ist nicht das erste Mal, dass die Schweizer Goal AG der AfD unter die Arme greift. Bei mindestens fünf Landtagswahlen sponserte ein „Verein zur Erhaltung der Rechtsstaatlichkeit und bürgerlichen Freiheiten“ Plakate und verteilte Gratiszeitungen, die zur Wahl der AfD aufriefen. Auch für die AfD-Unterstützerzeitung *Deutschland-Kurier* zeichnet der Verein verantwortlich. Die Goal AG verwaltet diesen Verein. Die Geldgeber dieses Vereins blieben bisher im Dunkeln[1]. Die Verantwortlichen in der AfD zuckten immer mit den Schultern. Die Werbeaktionen seien ohne ihr Wissen und Mitwirkung passiert.

Das ist auch der entscheidende Punkt bei der Frage, ob solche Aktionen gegen das Parteiengesetz verstoßen oder nicht.

Zur Erklärung: Es gibt zwei Möglichkeiten, entweder nimmt eine Partei offiziell eine Spende an, dann muss sie auch die Summe und den Namen des Spenders offenlegen. Will ein Spender dagegen anonym bleiben, geht das nur, wenn er komplett in eigener Verantwortung handelt. Wenn er also etwa eine Anzeige schaltet und es dabei nicht die kleinste Absprache mit der Partei gibt. Sobald es eine solche Absprache gibt – und sei es, wie ein Plakat gestaltet oder wo es aufgehängt wird –, verstößt die Partei bei anonymen Spenden gegen das Parteiengesetz. Es wäre eine illegale „Strohmannspende“, die strafbar ist.

Erlaubt wäre es allenfalls, wenn ein anonymer Spender einen einzelnen Kandidaten unterstützt, ohne dass die Partei eingebunden ist. „Ein schwarzes Loch der Parteienfinanzierung“ nennt das die Juraprofessorin und Parteienexpertin Sophie Schönberger.

Weit über 40 Plakate von der Goal AG hingen im Wahlkreis des Essener AfD-Politikers Reil.

„AfD macht sich Spende zu eigen“

Reil räumt im Gespräch mit CORRECTIV ein, dass er nach dem Anruf von der Goal AG mit seinem Landesvorstand Rücksprache hielt. „Ich frag vorher, so bin ich gestrickt“, antwortet er auf die Frage, ob er die AfD über das Angebot der Goal AG informiert habe. Demnach rief Reil den AfD-Wahlkampfkoordinator Andreas Keith an, der auch Mitglied des Landesvorstandes ist. Keith, der in den nachfolgenden Jahren unserer Recherche immer wieder eine Rolle spielen wird, habe Reil gesagt, das Angebot der Goal AG sei unproblematisch. Um ganz

1 2017 unterstützten Großspender die Alternative für Deutschland mit Wahlwerbung. Um anonym bleiben zu können, hatten sie sich 2016 in einer Tarnorganisation namens „Verein zur Erhaltung der Rechtsstaatlichkeit und bürgerlichen Freiheiten“ zusammengeschlossen. Der Verein finanzierte unter anderem die Gratiszeitung *Extrablatt*, die unumwunden zur Wahl der AfD aufrief und kurz vor den Landtagswahlen 2016 flächendeckend an Millionen Haushalte verteilt wurde. Wahlplakate, die der Verein unter anderem in Mecklenburg-Vorpommern oder Rheinland-Pfalz anbringen ließ, warben im AfD-Design mit Parolen wie: „Mehr Schutz für Familie und Eigentum! Jetzt AfD wählen.“ Der Verein hat sich mittlerweile aufgelöst.

sicherzugehen, habe Reil auch den Vorsitzenden seines Essener Kreisverbandes angerufen, Stefan Keuter. Der habe Reil gesagt, Reil sei nicht der Einzige, der so ein Angebot der Schweizer PR-Firma erhalten habe. Auf unsere Nachfrage hin sagt Keuter dagegen: „Eine Goal AG ist mir nicht bekannt."

Reil schickte nach den Rückfragen an die Partei ein Foto von sich zur Goal AG und unterschrieb eine „Freistellungserklärung". Kurze Zeit später hingen die Plakate der Goal AG in Essen. Reil schätzt, dass die Kampagne „um die 50.000 Euro" gekostet habe.

Die Goal AG, aber auch der AfD-Politiker Keith haben sich auf Nachfrage bis Redaktionsschluss nicht zu den Vorgängen geäußert.

Parteienexpertin Schönberger sieht genügend Indizien für eine Parteispende, wenn Reil mit der Partei gesprochen hat. „Wenn der Vorstand selbst auf Bezirksebene sagt: ‚Wir wissen davon und finden das in Ordnung', macht sich die Partei die Spende zu eigen. Vor allem wenn es sich um ein Wahlplakat mit AfD-Logo handelt."

Der Parteienforscher Martin Morlok von der Universität Düsseldorf ist etwas zurückhaltender: „Man könnte an eine Art Duldungsvollmacht denken: Die Partei weiß von der Aktion und unterstützt den Kandidaten passiv." Sollte es eine Koordinierung geben, wie die Plakate gehängt werden, damit sie sich nicht überschneiden, spräche das für eine Parteispende, sagt Morlok. Und fordert: **„Wer sich finanziell an Wahlkämpfen beteiligt, sollte auch öffentlich genannt werden müssen."** Damit wären anonyme Spenden im Wahlkampf – egal an welche Partei – nicht mehr möglich.

Sollte die Bundestagsverwaltung nach diesen Informationen tätig werden und ein Verfahren einleiten, um festzustellen, ob es sich um eine illegale Strohmannspende handelt, könnte das für die AfD böse Folgen haben. Am Ende eines Verfahrens wegen verdeckter Parteienfinanzierung könnten hohe Bußgelder stehen.

Für Reil hat sich der Einsatz übrigens nicht gelohnt. Der AfD-Steiger errang zwar einen Achtungserfolg, verpasste aber den Einzug in den Landtag. Trotz seiner Prominenz stand er zu weit hinten auf der Landesliste, um bei 7,4 Prozent ein Mandat zu erringen.

Das CORRECTIV-Team hinter der Recherche

Text und Recherche: Marcus Bensmann und Justus von Daniels

Die weiteren Geschehnisse nach der Veröffentlichung dieser Recherche am

29. August 2017: CORRECTIV veröffentlicht, losgetreten durch den Fall Guido Reil, eine gemeinsame Recherche mit dem *ZDF*-Magazin *Frontal21* über den AfD-Parteichef Jörg Meuthen. Nach der Recherche soll dieser in eine privat finanzierte Wahlkampagne eingeweiht gewesen sein. Wieder könnte es sich laut Experten um eine illegale Parteispende handeln. Auch bei einer Kampagne im NRW-Wahlkampf soll ein Parteigremium der AfD informiert gewesen sein. In beiden Fällen führt die Spur erneut zu der Schweizer Werbeagentur Goal AG.

Es gibt noch weitere Stränge, die von der AfD zur Goal AG führen. Der in Stuttgart ansässige „Verein zur Erhaltung der Rechtsstaatlichkeit und bürgerlichen Freiheiten", der dank anonymer Spender AfD-Wahlkämpfe mit dem Druck Hunderttausender kostenloser Zeitungen und ebenfalls mit Plakaten unterstützt, hat eine Weiterleitung seiner Bürokommunikation zur Goal AG eingerichtet. Die Frage steht im Raum, ob es sich nur um einen Strohverein handelt zur Verschleierung der Geldflüsse.

Goal-Chef Alexander Segert räumt ein, dass ihn der AfD-Unterstützerverein „Verein zur Erhaltung der Rechtsstaatlichkeit und bürgerlichen Freiheiten" mit der Bürologistik sowie den Anzeigen für die AfD beauftragt hat. Mit der Partei habe der Verein aber nichts zu tun, so Vereinschef David Bendels.

1. September 2017: Die Verwaltung des Bundestages fordert die AfD offiziell auf, Stellung zu den Spenden zu nehmen. Gegenüber CORRECTIV heißt es, die AfD solle sich sowohl zu den Vorgängen um Jörg Meuthen als auch zu denen um Guido Reil erklären. Außerdem zu einer bezahlten Kongressreise des AfD-Chefs in NRW, Markus Pretzell. „Alle drei Komplexe haben mit der Goal AG sowie ihrem Geschäftsführer und (so die AfD) Mehrheitseigner Alexander Segert zu tun", heißt es aus dem Bundestag.

Es kommt heraus: Im Fall Meuthen bezahlte die Goal AG nach Aussagen der Bundestagsverwaltung Werbung im Gegenwert von 89.900 Euro für den Wahlkampf des AfD-Kandidaten für die Landtagswahl in Baden-Württemberg. Auch Meuthen hatte wie sein Essener Parteikollege Guido Reil eine „Freistellungserklärung" unterzeichnet.

16. April 2019: Die Bundestagsverwaltung verhängt auf Grundlage der Recherchen von CORRECTIV und *Frontal21* erstmals Strafzahlungen gegen die AfD. Die Wahlkampfspenden an die AfD-Politiker Guido Reil aus 2017 und Jörg Meuthen aus 2016, beide Spitzenkandidaten ihrer Partei für die Europawahl 2019, waren illegal. Die AfD muss ein Bußgeld von 402.900 Euro zahlen.

25. Juni 2019: Die Staatsanwaltschaft Essen durchsucht die Räume der AfD-Landeszentrale in Düsseldorf. Anlass dafür ist die CORRECTIV-Recherche über die dubiosen Wahlkampfspenden an Guido Reil. Die Beamten, die morgens in zivilen Einsatzwagen vorfuhren, haben laut der Sprecherin der Staatsanwaltschaft „Daten von Festplatten kopiert und schriftliche Unterlagen mitgenommen". Die Ermittler wollen prüfen, „wie der Rechenschaftsbericht erstellt ist" und wer daran beteiligt war. Nach der Verhängung der Strafzahlung gegen die AfD folgt damit nun die strafrechtliche Prüfung in Bezug auf die Spenden in NRW.

Der Schattenmann

Die frühere AfD-Parteichefin Frauke Petry spricht mit uns und dem *ZDF*-Magazin *Frontal21* exklusiv über geheime Treffen der Parteispitze mit dem Milliardär Henning Conle. Conle gehört zu den 200 reichsten Deutschen, in der Öffentlichkeit ist er aber so gut wie unsichtbar. Bei den Gesprächen mit Petry ging es um anonyme Spenden an die Partei. Es ist der nächste große Durchbruch in unserer Recherche zum Spendensumpf der AfD.

Der Mann, den Frauke Petry an diesem Vormittag im Herbst 2015 zum ersten Mal trifft, stellt ihr angeblich gleich am Anfang eine Frage: Was sei aus ihrer Sicht die stärkste Triebkraft des Menschen?

Neid und Gier, habe sie gesagt.

Der Mann habe widersprochen: Nein, Angst.

Bei Frauke Petry haben sich diese Wörter besonders eingeprägt. „Er sagte, Angst sei die stärkste Triebkraft des Menschen. Und mir war das unangenehm." So erinnert sich Petry, Ex-Bundessprecherin der AfD und seit ihrem Parteiaustritt fraktionslose Abgeordnete, gegenüber CORRECTIV und *Frontal21* an ihr erstes Treffen mit dem Immobilienmilliardär Henning Conle im Oktober 2015. Eine Notiz ihrer Sekretärin nennt als Treffpunkt die Lobby eines Viersternehotels am Leipziger Flughafen. „Mein Eindruck war, dass Henning Conle die AfD unterstützen wollte", sagt die Politikerin. „Mein Eindruck war aber auch, dass er letztlich dabei nicht persönlich in Erscheinung treten wollte." Belege für den Inhalt des Gesprächs gibt es neben ihrer Aussage nicht. Conle antwortete bis Redaktionsschluss nicht auf Anfragen dazu. Aber CORRECTIV und *Frontal21* liegen Textnachrichten vor, die Ort und Datum des Treffens Ende Oktober 2015 dokumentieren. Und es war nicht das einzige.

Erstmals decken Recherchen von CORRECTIV und *Frontal21* auf, dass Conle ab 2015 gezielt Kontakte zur Parteispitze der AfD aufbaute, offenbar in der Absicht, die Partei mit anonymen Spenden zu unterstützen. Neben Petry soll an den geheimen Gesprächen nach ihrer Aussage auch der damalige Parteichef Jörg Meuthen beteiligt gewesen sein. Meuthen äußert sich auf Anfrage dazu nicht. Wer offen redet, ist Frauke Petry. Gegenüber CORRECTIV und *Frontal21* spricht sie nun über die Treffen in Leipzig und nahe Zürich sowie das Angebot des mysteriösen Milliardärs, den die Bundestagsverwaltung bereits offiziell als Hintermann einer illegalen Einzelspende an die AfD-Politikerin Alice Weidel im Jahr

2017 bestätigt hat. Die Treffen mit der Parteispitze deuten jetzt darauf hin, dass Conle womöglich eine größere Rolle bei den fragwürdigen Spenden und Wahlkampfhilfen gespielt hat.

In den vergangenen vier Jahren flogen durch Recherchen verschiedener Medien mehrere illegale Einzelspenden an AfD-Politiker auf. **Immer wieder tauchte dabei der Name Conle auf,** mal als nachweislicher Spender, mal indirekt über Personen aus seinem Umfeld, die auf wohl falschen Spendenlisten standen. Bisher kamen immer nur Details über die verschiedenen Spenden heraus, die als illegal eingestuft wurden. Jetzt ergibt sich aus den Aussagen Petrys ein größeres Bild. Erstmals ermöglichen sie seltene Einblicke in die Verhandlungen mit anonymen Spendern.

Die Informationen sind brisant und könnten den Druck auf die AfD deutlich erhöhen, meint Sophie Schönberger, Leiterin des Instituts für Parteienrecht und Parteienforschung an der Heinrich-Heine-Universität Düsseldorf. „Bisher haben wir ja verschiedene Arten von Spendenaffären, die aus verschiedenen Bausteinen bestehen. Jetzt gibt es zunehmend Indizien, dass es sich möglicherweise um eine einzige, große Spendenaffäre handelt, hinter der Herr Conle steckt."

Es ist der 29. Oktober 2015, ein Donnerstag. Frauke Petry wurde einige Monate zuvor als Bundessprecherin der noch jungen AfD wiedergewählt. Mit dem Namen des Mannes, der sie an diesem Vormittag zum Flughafen Leipzig bestellt hat, kann sie wenig anfangen. Damit sie ihn erkennt, hat sie sich als Notiz in ihrem Handy eine Beschreibung abgespeichert, die ihre Sekretärin offenbar von Conles Büro erhalten hat: „Herr Conle, dunkle Hornbrille, Lederjacke, kurzer Bart, wenig Haar". Conle selbst schreibt ihr am Morgen:

Alle Nachrichten in diesem Text sind grafisch nachgestellt. Kein Originalmaterial.

Für die Öffentlichkeit so gut wie unsichtbar

Henning Conle, 77 Jahre alt, ist einer der reichsten Deutschen und in der Öffentlichkeit so gut wie unsichtbar: Es gibt keine Fotos im Internet, keine Interviews. Ein Phantom, wie es scheint. Aber das Phantom handelt. Bereits in der Spendenaffäre der AfD-Politikerin Alice Weidel ließen sich Conle verdeckte Zahlungen in Höhe von 132.000 Euro zuordnen: Im Bundestagswahlkampf 2017 war das Geld über Schweizer Firmenkonten an Weidels Kreisverband als persönliche Spende für Weidels Wahlkampf geflossen, wie der Spiegel und Report Mainz im Mai 2020 berichteten. Ein Strafbescheid der Bundestagsverwaltung, der CORRECTIV und *Frontal21* vorliegt, bestätigt das und beruft sich auf in der Schweiz sichergestellte Kontounterlagen: „Aus diesen Unterlagen geht nunmehr als tatsächlicher Spender Herr Henning Conle hervor."

Nach Einschätzung der Parteienrechtlerin Sophie Schönberger vermitteln die neuen Informationen zu Conles Treffen mit der AfD-Spitze im Herbst 2015 im Hinblick auf die spätere Wahlkampfunterstützung im Fall Weidel den Eindruck eines strategischen Vorgehens. „Hier haben wir tatsächlich genau den Fall, dass die Ankündigung, die da offensichtlich stattgefunden hat, in die Tat umgesetzt wurde. **Conle hat versucht, an die AfD zu spenden und dabei aber seinen Namen rauszuhalten.**"

Conle ist, das belegen nun die neuen Recherchen von CORRECTIV und *Frontal21*, vor mehr als fünf Jahren auf die Spitze der damals noch jungen Partei zugegangen. Damit ergibt sich nun erstmals ein Bild davon, wie der Milliardär im Schatten agierte.

2015 war ein Wendepunkt für die AfD

Nach dem ersten Kennenlernen in Leipzig soll es noch mehrere Treffen in der Schweiz zwischen Petry und Conle gegeben haben. Dies ist zum Teil anhand von Textnachrichten und Kalendereinträgen dokumentiert. Am 7. Dezember 2015, einem Montag, gab es Frauke Petry zufolge eine Verabredung in einer von Conles Villen in Küsnacht bei Zürich. An diesem Tag soll Petrys Co-Vorsitzender Jörg Meuthen dabei gewesen sein. In einer SMS, datiert auf den 3. Dezember, die den Redaktionen vorliegt, schreibt Meuthen ihr:

MESSAGES 03.Dez

Jörg Meuthen
Montag Zürich klappt bei mir. LG Jörg.

Alle Nachrichten in diesem Text sind grafisch nachgestellt. Kein Originalmaterial.

Conle äußert sich auf Anfrage zu den Treffen nicht, auch Meuthen schweigt.

Das Jahr 2015 markierte für die AfD einen Wendepunkt. Petry hatte sich damals im Machtkampf gegen Bernd Lucke durchgesetzt und war auf dem Höhepunkt ihrer politischen Karriere, als sich der Unternehmer bei ihr gemeldet haben soll. Die AfD wuchs damals schnell, und sie konnte für die anstehenden Wahlkämpfe 2016 und 2017 Geld laut Petry gut gebrauchen. Das machte sie offen für Gespräche mit solventen Spendern. „Als mir das Interesse angekündigt wurde, mich zu treffen, ging es ganz allgemein um die Unterstützung der Partei", sagt Frauke Petry im Gespräch mit CORRECTIV und *Frontal21*. „Und natürlich war ich als Vorsitzende der Partei interessiert an einer legalen Unterstützung der AfD."

Was genau Conles Ziele bei dem Treffen waren, lässt sich nicht belegen. Der Unternehmer antwortet auch hierzu auf Anfrage von CORRECTIV und *Frontal21* nicht. Conle soll bei dem Treffen auch über seine Erfahrungen bei der Parteienfinanzierung in der Schweiz und Österreich gesprochen haben. Das deckt sich mit einem Bericht im Schweizer *Tagesanzeiger*, der ihn zumindest mittelbar in die Nähe von Alexander Segert bringt – dem Chef der Zürcher Werbeagentur Goal AG, der Meuthens Wahlkampf 2016 mit einer Plakatkampagne unterstützte. Die Goal AG finanzierte auch die Wahlplakate im Fall des Essener AfD-Manns Guido Reil. Nach dem Bericht tauchen Segert und Conle auf einer Liste von Spendern auf, die Anfang 2017 die 100-Jahr-Feier der rechten Schweizerischen Volkspartei SVP mitfinanzierten.

Eine Verschwörung gegen die Demokratie

Wenn Petrys Aussagen stimmen, dann wäre Conles Vorgehen brisant. „Wenn jemand an eine Partei herantritt, so wie Herr Conle das offensichtlich gemacht hat, und sagt, **er möchte spenden, aber nur anonym, dann ist das auf eine illegale Handlung gerichtet**", sagt die Parteienrechtsexpertin Sophie Schönberger. „Parteispenden dürfen nicht anonym erfolgen, wenn sie einen Betrag von 500 Euro überschreiten, sondern müssen immer mit dem Spendernamen verbunden sein."

Der Gesetzgeber will, dass die Finanzen aller Parteien transparent sind. Denn Geldflüsse sind oft mit Macht und Einfluss verknüpft. Solange Personen und Unternehmen Geld an Parteien spenden dürfen, lässt sich das nicht ausschließen. Aber es soll für die Wählerinnen und Wähler klar ersichtlich sein, wer von welchen Zahlungen profitiert – und woher die Gelder stammen. Agieren die Spender im Verborgenen, lässt sich nicht kontrollieren, ob es in der Folge zu politischen Gefälligkeiten kommt. Im schlimmsten Fall könnten sich Geldgeber Parteien gefügig machen und im Verborgenen über ihre politische Linie bestimmen. Parteispendenskandale erschütterten schon oft die Republik.

AfD-Spendenaffäre

89.800 Euro	**Jörg Meuthen**
44.500 Euro	**Guido Reil**
132.000 Euro	**Alice Weidel**
36.000 Euro	**Marcus Pretzell**

Für vier verdeckte Spenden an die AfD hat die Bundestagsverwaltung Strafzahlungen erhoben. In den Fällen Reil und Meuthen hat die AfD die Zahlungen akzeptiert, bei Weidel und Pretzell hat die Partei Klage gegen die Bescheide erhoben.[2]

Ungeklärt ist noch die Herkunft von Millionen Euro, mit denen der „Verein zur Erhaltung der Rechtsstaatlichkeit und bürgerlichen Freiheiten“ zur Wahl der AfD aufrief, mit Zeitungen und Großplakaten.

Aber die oftmals zähen, kleinteiligen Verfahren können den Blick dafür versperren, dass es hier nicht nur um einige dubios finanzierte Wahlplakate geht, sondern um Geldgeber, die sich hinter aufwendigen Strukturen verstecken und bewusst das Parteiengesetz unterminieren, um Einfluss auf die Politik zu nehmen. Für die Öffentlichkeit sind Skandale dieser Art alarmierend, **innerhalb der Parteien machen sich die Politiker gegenüber den Geldgebern erpressbar**. Es wäre nichts weniger als eine Verschwörung gegen die Demokratie.

Tarnfirmen, Strohleute und Mittelsmänner

Henning Conle, der Schattenmann, blieb bislang weitgehend unter dem Radar. Die Familie erschien 2018 auf Platz 192 der Liste der reichsten Deutschen des Wirtschaftsmagazins *Bilanz*, zusammen mit der Familie Arend Oetker und dem

2 In beiden Fällen, Weidel und Pretzell, verlor die AfD die Klage und musste den Strafzahlungen nachkommen.

Versandhandelserben Frank Otto. Die Namen Otto und Oetker sind praktisch jedem ein Begriff. Der Name Conle dagegen sagt den meisten Menschen nichts. Der Aufstieg der Familie begann in den 1950er-Jahren in Duisburg. Heinz Conle, Hennings Vater, war SPD-Mitglied und machte sein Vermögen mit sozialem Wohnungsbau. Dann gerieten er und sein Bruder Kurt unter Verdacht, sich mit kriminellen Methoden bereichert zu haben: 1961 standen sie vor Gericht wegen Bestechung und Betrugs. 1967, nach dem Tod von Kurt, endete der Prozess mit einem Freispruch für Heinz Conle, weil die Vorwürfe nicht bewiesen werden konnten.

Henning Conle lebt nicht mehr in Duisburg, sondern pendelt zwischen der Schweiz und London. Nach Medienberichten aus dem Jahr 2014 sollen ihm in Deutschland geschätzt mehr als 10.000 Wohnungen gehören. Ob diese Zahl realistisch war oder noch ist, lässt sich aber nicht prüfen. Vor einigen Jahren kursierten Berichte von Leerstand, Verwahrlosung und Mieterschikanen in Conle-Häusern. Zwischenzeitlich machte der Milliardär eher mit Investitionen im jeweils mehrstelligen Millionenbereich in der Londoner Innenstadt von sich reden: Insgesamt haben Conle und seine Familie zum Teil Wahrzeichen und historische Prachtbauten im Wert von rund zwei Milliarden Pfund gekauft – womit er laut britischen Medien zu einem der größten Investoren auf dem Londoner Immobilienmarkt aufstieg.

Wenn es stimmt, was Frauke Petry behauptet, wollte Conle als mutmaßlicher Spender der AfD im Dunkeln bleiben. **Auffällig bei den bisherigen Spendenskandalen der AfD sind Strukturen, die dazu dienen, die Herkunft der Gelder zu verschleiern:** Tarnfirmen, Strohleute, Mittelsmänner. Conle hat dazu bislang nie etwas gesagt. Im Fall Weidel hat die Bundestagsverwaltung ausdrücklich bestätigt, dass Conle hinter den anonymen Spendenzahlungen steht.

Aber das ist nicht alles. Nun zeichnen sich weitere Linien ab, die Conle mit der AfD-Spendenaffäre zu verbinden scheinen: Als die ominöse Spende an Weidel Ende 2018 aufflog, reichte die AfD eine Liste mit 14 Spenderinnen und Spendern von einer Schweizer Pharmafirma an die Bundestagsverwaltung weiter. Auf der Liste fanden sich später Strohleute. Die AfD sagt, dass ihr das nicht bekannt gewesen sei. Einer der Spender, ein Belgier, ist als Manager für eine in Antwerpen registrierte Immobilienfirma tätig, die Henning Conle gemeinsam mit seinem Sohn führte oder noch führt. Das kann Zufall sein. Conle hat es bislang immer abgelehnt, zu den Vorwürfen öffentlich Stellung zu nehmen. Aber es gibt mehr Hinweise.

Verbindungen auch zu Reil und Meuthen

Viele der Namen auf der Weidel-Liste tauchen auch auf einer Liste mit angeblichen Spendern auf, die den Wahlkampf des AfD-Europaabgeordneten Guido Reil mitfinanziert haben sollen – ebenso auf der Liste von Parteichef Meuthen. Drei AfD-Politiker, drei Listen. Die Namen auf den Listen wiederholen sich. Der belgische Manager aus Conles Firma ist sogar in allen drei Fällen vertreten.

Bei Meuthen und Reil flossen die Spenden über die ebenfalls in der Schweiz ansässige Goal AG. Unsere Recherche dazu brachte die Aufarbeitung der Spendenaffäre ins Rollen. Die Goal AG hatte zumindest früher geschäftliche Beziehungen zu dem „Verein zur Erhaltung der Rechtsstaatlichkeit und bürgerlichen Freiheiten", der mehrere Wahlkämpfe der AfD 2016 und 2017 unterstützend flankierte, Werbeflächen für Plakate mietete, Großplakate drucken ließ und Zeitungen in Millionenauflage verteilte. Das Volumen der Hilfen wird auf einen zweistelligen Millionenbetrag geschätzt. Welche Geldgeber diese substanzielle Unterstützung im Wahlkampf möglich machten, ist bis heute unklar. Die AfD hält an der Behauptung fest, mit dem Verein und seinen Aktionen nichts zu tun zu haben.

Aber auch hier gibt es eine personelle Überschneidung, die in die Nähe Conles zu führen scheint: Hans S., ein pensionierter Notar aus Sonthofen im Allgäu, ist als Gründungsmitglied des Unterstützervereins eingetragen. Auch auf Meuthens Liste mit angeblichen Spendern steht der Name des Notars. Gut möglich, dass er tatsächlich für Meuthens Wahlkampf gespendet hat. Allerdings soll auch der Pensionär im Allgäu eine Verbindung zu Conle haben. Aus Handelsregister-Auszügen geht hervor, dass Henning Conle in den 1970er-Jahren mit seinem Wohnsitz in der Nachbargemeinde Fischen gemeldet war. Eine Notarin, die dessen Amt in Sonthofen übernahm, führte für die Familie Conle Beurkundungen durch. S. hat sich auf Anfrage nicht geäußert.

Conle nur ein Schattenmann von vielen?

Die Recherchen von CORRECTIV und *Frontal21* zeigen, dass sich die geheimen Absprachen zwischen Mitgliedern der Partei und ominösen Geldgebern bis ins Jahr 2015 zurückverfolgen lassen. Frauke Petrys Aussagen machen – sofern sie zutreffen – öffentlich, wie der Milliardär Henning Conle auf höchster Ebene nach Zugängen zu der Partei gesucht hat, über die er den Aufstieg der Partei finanziell befördern könnte, ohne selbst in Erscheinung zu treten.

„Damals hatte ich das Gefühl, dass mir bei dem Vorgehen oder bei den offensichtlichen Ideen Conles nicht wohl war“, sagt Petry, „aber für mich war immer klar, und das habe ich auch deutlich gemacht: Legale Unterstützung ist in Ordnung, denn das Parteienrecht bietet dafür genug Möglichkeiten. Illegale kamen überhaupt gar nicht in Frage.“ Henning Conle äußert sich hierzu nicht. Vorstellbar ist zugleich auch, dass es noch andere Schattenmänner gab.

Den Machtkampf gegen Jörg Meuthen, damals ihr Co-Vorsitzender, hat Petry verloren; aus der AfD ist sie längst ausgetreten. Die Partei ist jetzt eine andere, das bekommt nun auch Meuthen zu spüren, der derzeit unter Beschuss steht. Inzwischen ist die AfD in weiten Teilen in den Rechtsextremismus abgedriftet und ins Visier des Verfassungsschutzes gerückt. Wie Petry es sieht, hat das eine mit dem anderen zu tun. Denn es gab AfD-Politiker, die verdeckte Spenden erhielten. Damit hätten sie der Partei schwer geschadet: **„Wer persönlich korrupt ist, ist für den Wähler wertlos geworden, weil er selbst politisch manövrierunfähig wird“**, sagt die Ex-AfD-Bundessprecherin, „weil er immer in der Schuld eines Dritten steht, der von außen für den Wähler gar nicht sichtbar ist.“

Wenn die Berichte über die Treffen mit Conle zutreffen, könnte es für Meuthen heikel werden. Der AfD-Vorsitzende brauchte in der zweiten Hälfte des Jahres 2015 offenbar Geld für seinen Wahlkampf, wie Chatprotokolle von Textnachrichten nachweisen, die CORRECTIV und *Frontal21* vorliegen. „Ich kann mich erinnern, dass er irgendwann im Herbst in großer Sorge darüber war, ob er tatsächlich als Spitzenkandidat in Baden-Württemberg würde antreten können, weil ihm dazu die nötigen Finanzen fehlen“, sagt Frauke Petry.

Meuthen selbst antwortet nicht auf die Fragen von CORRECTIV und *Frontal21*. Doch es liegt eine Reihe von Textnachrichten von Meuthen an seine Amtskollegin vor, die seine damalige Zwangslage illustrieren:

schreibt er am 11. November, einige Stunden später drängt er:

MESSAGES 11.Nov

Jörg Meuthen
Wann können wir telefonieren?

und weiter:

MESSAGES 11.Nov

Jörg Meuthen
Wenn ich also kein Geld für meinen Wahlkampf haben werde, werde ich auch keinen aussichtslosen Kampf führen.

Am Folgetag textet Meuthen wieder.

MESSAGES 12.Nov

Jörg Meuthen
Nachtrag: Ich muss jetzt sehr bald finanzielle Planungssicherheit haben, denn in diesen Tagen laufen die Materialbestellungen für den Wahlkampf an. Die Situation ist so offen also wenig vergnüglich.

Alle Nachrichten in diesem Text sind grafisch nachgestellt. Kein Originalmaterial.

Es war eine illegale Parteispende

Auch ein weiterer ehemaliger Parteikollege bestätigt, dass Meuthen im Vorfeld der Landtagswahl in Baden-Württemberg öfter über Geldprobleme sprach. „Das Interessante an diesem Wahlkampf, im Dezember 2015, war es, dass Jörg Meuthen im Vorfeld immer wieder geklagt hat über seine finanzielle Situation", sagt Ralf Özkara, Ex-Landessprecher der AfD in Baden-Württemberg und zeitweilig Meuthens Büroleiter: „Er hatte also finanzielle Sorgen. Und es war immer ein Thema der Wahlkampffinanzierung."

Wie es scheint, waren Geldprobleme im Dezember plötzlich kein großes Thema mehr. Am Rande einer Wahlkampfveranstaltung sei Meuthen zu ihm gekommen, sagt Özkara, und habe ihm einen Scheck über 5.000 Euro überreicht. Das war nach dem angeblichen Treffen von Meuthen und Petry mit Conle in Küsnacht, das laut Petry ebenfalls im Dezember stattgefunden haben soll. Und inzwischen war auch die millionenschwere Kampagne der Goal AG und des „Vereins zur Erhaltung der Rechtsstaatlichkeit und bürgerlichen Freiheiten“ angelaufen.

„Er hat mir damals gesagt, er hätte das Geld von seinem Arzt aus Karlsruhe“, sagt Özkara. Der Betrag sei für seinen Wahlkampf gedacht gewesen, Özkara sollte ihn bei seinem Kreisverbandskonto einreichen. Wer war dieser Arzt? Ist er wirklich der Gönner? Warum hat er nicht unter seinem Namen gespendet? Könnten die Gelder womöglich aus einer anderen Quelle stammen? Meuthen äußert sich auf Anfrage von CORRECTIV und *Frontal21* nicht dazu. Özkara hat uns dagegen über diesen Vorfall eine eidesstattliche Versicherung abgegeben.

Fest steht, dass so eine Spende rechtswidrig wäre, sagt die Parteienrechtsexpertin Sophie Schönberger: „Selbst wenn die Geschichte so tatsächlich stimmt, wäre das eine illegale Parteispende.“ Es sei unerheblich, ob der Arzt oder ein anderer Gönner das Geld an Meuthen gegeben hat. Sofern es nicht sein eigenes Geld war, wäre es „eine illegale Parteispende“. Meuthen hat auf Anfragen dazu nicht geantwortet und in Telefonaten eine Stellungnahme dazu verweigert.

Was hat sich zwischen November 2015 und dem Frühjahr 2016 verändert? Meuthen lässt die Fragen unbeantwortet. Aber vieles scheint gegen Ende des Jahres in Bewegung gekommen zu sein. Meuthen war in der Lage, einen aufwendigen Wahlkampf zu führen. Über die Goal AG soll Unterstützung im Wert von rund 90.000 Euro geflossen sein. Woher das Geld tatsächlich stammte, weiß die Öffentlichkeit bisher nicht; vieles ist noch unklar.

Angst, so soll es Henning Conle beim Kennenlerntreffen im Oktober 2015 zu Frauke Petry gesagt haben, sei der stärkste Antrieb des Menschen, so erinnert sie sich zumindest.

Angst war auch das Leitmotiv der Plakatkampagne des „Vereins zur Erhaltung der Rechtsstaatlichkeit und bürgerlichen Freiheiten“, die Anfang 2016 vor den Landtagswahlen in Baden-Württemberg und Rheinland-Pfalz zum ersten Mal auffiel: Die Plakate zeigten Frauen in Angst, dazu lauernde Einbrecher und Schemen anonymer Männergruppen in einer nächtlichen Stadt.

Meuthen und Weidel haben sich erpressbar gemacht

Zwischen Frauke Petry und Henning Conle kam es wenig später offenbar zum Bruch. Am Ende wurde der Ton schärfer. Petry will dem Milliardär vorgeworfen haben, das fragile Kräfteverhältnis in der Partei aus dem Gleichgewicht zu bringen: „Beim letzten Treffen im Mai 2016 habe ich ihm davon berichtet, dass eine illegale Unterstützung der Partei oder eine Finanzierung an den offiziellen

Wegen vorbei schädlich für die Partei wäre, weil sie am Ende dazu beiträgt, das Machtgefüge zu stören", sagt sie. „Und das hielt ich für hochgefährlich."

In der Zeit, über die sie spricht, war sie Parteivorsitzende der AfD und damit auch für die Vorgänge in der Partei mitverantwortlich. Sie selbst ist inzwischen ausgestiegen und hat nicht mehr viel zu verlieren. Ihr geht es jetzt um ihren Ruf. Sie sagt, viele Zusammenhänge seien ihr erst später klar geworden. „Ich muss im Nachhinein feststellen: Das, was für mich ein Tabu war, illegale Spenden anzunehmen, war für andere offenbar kein solches", sagt sie. **„Und wie wir heute wissen, haben Jörg Meuthen und Alice Weidel Spenden angenommen und haben sich dadurch nicht nur persönlich erpressbar gemacht."** Aus Petrys Sicht hatte das fatale Folgen für die Partei: Meuthen und Weidel hätten, sagt sie, „ob bewusst oder unbewusst durch ihre persönliche Korruptheit am Ende auch dem Flügel[3] an die Macht verholfen".

Die AfD-Spendenaffäre setzt sich aus vielen Puzzleteilen zusammen. Ob die einzelnen Stücke ein Ganzes ergeben, ist nach wie vor nicht klar. Ein Zusammenhang zwischen den einzelnen anonymen Zahlungen lässt sich nicht belegen. Für Verbindungen von Conle zur Goal AG und dem „Verein zur Erhaltung der Rechtsstaatlichkeit und bürgerlichen Freiheiten" gibt es Hinweise und auffällige Parallelen, aber keine Beweise. Weder der Verein noch die Werbeagentur haben sich auf Anfrage geäußert.

Henning Conle lässt alle Fragen dazu unbeantwortet. Der verschwiegene Milliardär bleibt im Schatten.

Das CORRECTIV-Team hinter der Recherche

Recherche: Gabriela Keller, Justus von Daniels, Marcus Bensmann, Ulrich Stoll

Text: Gabriela Keller, Justus von Daniels, Marcus Bensmann

Faktencheck: Frederik Richter

Design: Benjamin Schubert

3 Der „Flügel" bezeichnet eine völkisch-nationalistische und extrem rechte Gruppierung innerhalb der AfD. Er formierte sich ab 2015 vor allem um den Thüringer AfD-Vorsitzenden Björn Höcke.

Das doppelte Spiel

Wir haben monatelang innerhalb der AfD recherchiert, an der Parteispitze und an der Basis, und mit Aussteigern und Insidern gesprochen. Dann gelangen wir an interne Buchungsunterlagen der Außenwerbefirma Ströer. Die AfD-Spendenaffäre beziffert sich nach unseren Recherchen auf mittlerweile mehr als drei Millionen Euro. Neben den Buchungsunterlagen bringen die AfD auch Aussagen zu fragwürdigen Geheimtreffen in Bedrängnis.

Um zwölf Uhr mittags trifft sich der AfD-Landeswahlkampfleiter Andreas Keith in einer gutbürgerlichen Gaststätte im Norden von Bottrop mit einem Mann, für den er eine unangenehme Neuigkeit hat. Es ist ein Tag Anfang des Jahres 2017, beide wollen beim Mittagessen über den anstehenden Wahlkampf in NRW sprechen. Bis zu den Wahlen Mitte Mai ist es nicht mehr lange hin, und die AfD steht kurz davor, in den Landtag einzuziehen.

Ort und Zeitpunkt dieses Treffens bestätigt ein SMS-Wechsel vom 10. Januar 2017, der CORRECTIV vorliegt, in dem Keith seinem Parteifreund G. den Termin bestätigt. Ein weiterer Beleg findet sich in der internen Buchhaltung der AfD. Dort taucht im Februar 2017 die Rechnung für das Mittagessen auf: „Brauhaus am Ring, Wahlkampfbesprechung, 43,50 Euro". Worum es in dem Gespräch ging und wie es ablief, hat CORRECTIV auf Grundlage der eidesstattlich versicherten Aussagen eines der Teilnehmer rekonstruiert: G., ein früheres AfD-Mitglied aus Bottrop, ist inzwischen aus der Partei ausgetreten und will nicht mehr mit ihr in Verbindung gebracht werden. Deshalb bleibt er hier anonym.

Andreas Keith antwortet auf Fragen dazu nicht selbst, sondern schaltet einen Anwalt ein. Der bestreitet das Gespräch im Brauhaus nicht. Zum Inhalt äußert er sich nicht.

Legt man die Aussagen des AfD-Aussteigers G. zugrunde, soll sich die Besprechung um ein brisantes Thema gedreht haben: Der Erfolg der AfD wird in jenen Tagen beflügelt von einer Kampagne, wie man sie in Deutschland noch nicht kannte: **„Islamisierung stoppen", „Mehr Sicherheit für unsere Frauen und Töchter" – mit solchen rabiaten, angstzentrierten Slogans warb eine dubiose Vereinigung für die AfD.** Mit ihrer stark ans AfD-Design angelehnten Optik und dem Slogan „AfD wählen" waren diese Plakate äußerlich kaum von offizieller AfD-Werbung zu unterscheiden. Gleichzeitig warb auch die AfD mit eigenen Plakaten.

Für die Partei ist das zugleich ein enormer Vorteil und eine Gefahr: Mit der ominösen Kampagne geht der Verdacht der illegalen Parteispenden in Millionenhöhe einher.

AfD-Slogans, AfD-Design und immer der Aufruf: „AfD wählen!" – aber die AfD will von alldem nichts gewusst haben. Wir haben Beweise, die das Gegenteil belegen (Collage: CORRECTIV).

Keith lässt seinen Anwalt ausrichten, er habe „so wie die gesamte AfD" nichts mit den Vereinsplakaten zu tun gehabt. Zu jener Zeit leitet er das Wahlkampfteam in Nordrhein-Westfalen, in seinen Händen laufen viele Fäden zusammen. Er hat große Aufgaben, die offenbar Diskretion erfordern, und wie es scheint, heißt das für den damaligen Parteikollegen G., dass er kaltgestellt wird – so geht es aus der Darstellung von G. hervor. Dieser geht nämlich bis zu dem Mittagessen noch davon aus, dass er sich um die Plakate kümmern wird. Das passt ihm gut, weil er bei der Plakatwerbefirma Ströer arbeitet. Er spekuliert auf Großaufträge, die über seine Abteilung laufen, auf ein dickes Plus für seine Umsatzstatistik, so sagt es G. heute selbst.

Geheimtreffen zu AfD-Plakatkampagnen angekündigt

Bei dem Termin im Brauhaus aber, sagt G., habe er erfahren, dass er mit der Plakatkampagne nichts mehr zu tun haben werde. Anscheinend soll die Sache auf anderer Ebene geregelt werden: Keith, sagt G., habe ihn über **ein geplantes „Geheimtreffen" mit der Führungsspitze von Ströer** informiert: „Herr Keith berichtete, dass nur einige wenige an diesem Treffen teilnehmen würden und dies nur die oberste Ebene beträfe, die sich dann in Köln treffen wolle. Ebenfalls sollte dieses Treffen nie offiziell stattgefunden haben."

Ob dieses Gespräch aus Sicht der AfD oder von Ströer derart vertraulich gewesen sein soll, bleibt unklar; generell dürften diskret geführte Kundengespräche bei einem Unternehmen nicht ungewöhnlich sein. Der Anwalt, der im Auftrag der AfD Stellung nimmt, weist die Vorwürfe zurück; es steht also Aussage gegen Aussage: Nach Darstellung der AfD habe es weder seitens der Partei noch seitens Keith eine „Koordinierung der unterschiedlichen Plakatkampagnen" oder diesbezügliche Gespräche oder „Absprachen mit dem Ströer-Konzern" gegeben. Keith habe eine „Beteiligung" an der „behaupteten Unterstützerkampagne auch zu keinem Zeitpunkt gegenüber Dritten kundgetan".

Die Frage, ob die beiden Plakatkampagnen koordiniert wurden oder nicht, ist entscheidend.

Nach ominöser Plakatkampagne droht AfD ein millionenschwerer Parteispendenskandal

Die Plakate des Unterstützerkreises sind bis heute eines der größten Rätsel der Parteiengeschichte der Bundesrepublik. Eine derart aufwendige externe Wahlkampfhilfe hatte es bis dahin nicht gegeben. Nach außen präsentierte sich ein „Verein zur Erhaltung der Rechtsstaatlichkeit und bürgerlichen Freiheiten" als treibende Kraft. Wer die Kampagne bezahlte, verriet der Verein nicht. Alle Recherchen liefen ins Leere, und die AfD streitet bis heute ab, etwas damit zu tun zu haben. Um sich zu schützen, grenzte sich die Partei mit einer Brandmauer aus Dementis von dem Verein und seinen Aktivitäten ab.

Der Anwalt der AfD teilt auf die Anfrage von CORRECTIV, *ZDF-Frontal* und *Spiegel* mit, die „kreierte Story" basiere auf „gleich mehrfachen falschen tatsächlichen Annahmen". Es habe zum Beispiel bei den Bundestagswahlen 2017 nur eine AfD-Kampagne gegeben, unter dem Titel: „Trau dich, Deutschland". „Diese wurde von dem vom Bundesvorstand bestimmten Kampagnenteam koordiniert." Eine weitere „AfD-Kampagne" sei nicht bekannt. Auch bei Ströer, so heißt es weiter im Schriftsatz des Anwalts, habe es keine „Unterstützerkampagne“ gegeben, die mit Wissen der Partei koordiniert worden sei.

Erstmals geben Recherchen von CORRECTIV, *ZDF Frontal* und *Spiegel* im September 2021 konkrete Einblicke in die Hintergründe der Millionenbuchungen und Hinweise auf Absprachen, die die Aufträge begleiteten. Buchungsunterlagen von Plakatwerbefirmen, die CORRECTIV einsehen konnte, zeigen Details der Kampagnen und wecken **Zweifel an der Darstellung der Partei.** Brisant dabei: Die AfD wird bei Buchungen von rund 8.300 Plakaten für die Unterstützerkampagne als „Direktkunde“ geführt. Die AfD teilt dazu über ihren Anwalt mit, sie habe „keine Kenntnis zu etwaigen internen Vorgängen bei dem Unternehmen Ströer“. Für eine „falsche Zuordnung“ der AfD zu einer anderen „angeblichen Kampagne“ könne die Partei nichts. Dies liege „allein im Verantwortungsbereich des Unternehmens Ströer“.

Neben den Buchungsunterlagen stützen auch Termine und Verabredungen den Eindruck, dass sich einzelne Funktionäre der Partei an Koordinierungsabsprachen beteiligten. Damit könnte der AfD ein millionenschwerer Parteispendenskandal drohen. Sie hätte die Unterstützung melden müssen, wenn sie davon wusste oder aktiv darin eingebunden war.

Die AfD streitet das ab. Der Anwalt schreibt: „Wenn es eine andere Kampagne in der von Ihnen beschriebenen Form gegeben haben sollte, dann wurden diese Vorgänge ohne das Wissen unserer Mandantschaft veranlasst.“ Eine Zusammenarbeit habe es nicht gegeben.

In Nordrhein-Westfalen hingen mehr als 1.000 anonym finanzierte Plakate

Am Mittagstisch im Brauhaus im Januar 2017 ärgert sich der spätere AfD-Aussteiger G. über den Plan eines vertraulichen Treffens bei seinem Arbeitgeber Ströer, bei dem er wohl nicht erwünscht sein wird. Der NRW-Wahlkampfleiter Keith sagt ihm angeblich, Zweck dieses Termins sei, die „Kampagne, Budgets und Sonderkonditionen“ zu besprechen, außerdem „solle es eine Koordinierung geben mit den Plakaten des Unterstützervereins, sodass es nicht zu Doppelbuchungen kommt“. Aus Erfahrung wisse man ja, dass der Verein „immer größere Summen in Plakatwerbung investiert“ habe und dies auch in NRW zu erwarten sei.

Keith streitet solche Aussagen über seinen Anwalt pauschal ab: „Diese Vorwürfe sind frei erfunden.“ Von Absprachen hinsichtlich der Kampagne eines Unterstützervereins will Keith demnach nichts gewusst haben. Zu Einzelheiten hinsichtlich des Mittagessens im Brauhaus äußert er sich nicht.

Wie CORRECTIV-Recherchen aber nahelegen, scheint der NRW-Wahlkampfmanager Keith bei den Absprachen eine zentrale Rolle gespielt zu haben.

Auffällig ist die zeitliche Abfolge: Nur wenige Wochen nach dem Termin, am 15. Februar 2017, wird bei der Firma Ströer ein Großauftrag gebucht, 956 anonym finanzierte Plakate, Kosten: rund 436.000 Euro, Direktkunde: Alternative für Deutschland. Die Plakate zeigen die Motive des Unterstützervereins. Am 10. April wird für denselben Zeitraum eine weitere Kampagne bei Ströer für rund 85.000 Euro gebucht. Das bedeutet, dass Anfang Mai 2017, direkt vor der Landtagswahl NRW, Unterstützerplakate für 521.000 Euro hängen.

Der Anwalt der AfD weist darauf hin, dass Keith die offizielle NRW-Kampagne über eine „Agentur in Rheinland-Pfalz" gebucht habe und es schon allein daher keine Koordinierung mit dem Unternehmen Ströer gegeben habe. Gemeint ist hier wohl die Firma Posterselect, die inzwischen zum Ströer-Konzern gehört. Aus der Buchhaltung der NRW-AfD geht hervor, dass die Partei fast zeitgleich ihre Kampagne bei Posterselect buchte, deren Kosten sich ebenfalls auf fast genau 521.000 Euro beliefen. **Es scheint, als wollten die Hinterleute der Parallelkampagne die Wucht der AfD-Werbung exakt verdoppeln.** Auch bei diesen Buchungen wird die Partei in den Ströer-Unterlagen als „Direktkunde" geführt.

Eine Rekonstruktion auf Grundlage der dokumentierten Standorte zeigt am Beispiel der Bochumer Innenstadt, wie flächendeckend die AfD-Plakate verteilt waren:

Standorte von AfD-Plakaten in Bochum

Im Mai 2017 hingen vor der Landtagswahl in Nordrhein-Westfalen zahlreiche Plakate, auf denen für die AfD geworben wurde. Diese gehörten zu einer offiziellen Kampagne der Partei und einer weiteren inoffiziellen Kampagne des „Vereins zur Erhaltung der Rechtsstaatlichkeit“. Am Beispiel der Bochumer Innenstadt werden die realen Plakat-Standorte von damals gezeigt.

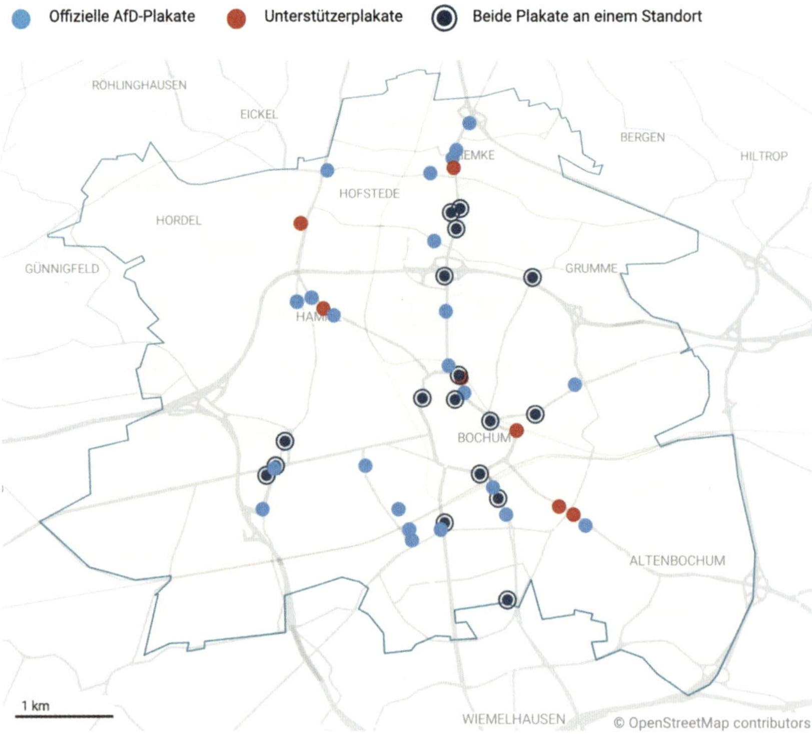

Quelle: Interne Buchungsunterlagen Ströer • Erstellt mit Datawrapper

CORRECTIV hat monatelang innerhalb der AfD recherchiert, an der Parteispitze und an der Basis, und mit Aussteigern, Abgeordneten, Insidern, Buchhaltern und Unterhändlern gesprochen. Aus Aussagen und E-Mails, SMS-Protokollen und Kontoauszügen, die CORRECTIV vorliegen, lässt sich eine Reihe inoffizieller Treffen und Verabredungen dokumentieren, bei denen es um die beiden parallel laufenden Plakatkampagnen ging. Auffällig oft fällt in den Gesprächen das Wort „Koordinierung“.

Die Parallelkampagne, mit der Andreas Keith nach Aussage seines ehemaligen Parteifreundes gerechnet haben soll, ist Teil einer ausgeklügelten Strategie: Zwischen 2016 und 2018 erschienen die Plakate landauf, landab vor wichtigen Wahlen. Wer sie bezahlte, ließ sich nicht klären. Die Spuren führen in die Schweiz und verlieren sich dort. Die AfD profitierte von der Unterstützung und grenzte sich zugleich ab. Bisher funktionierte das, weil sich keine Verbindungen nachweisen ließen.

Interne Buchungsunterlagen geben Einblick in die AfD-Unterstützerkampagne

Die Firmengruppe Ströer gehört mit rund 1,6 Milliarden Umsatz zu den großen Unternehmen in Deutschland. Sie bespielt bundesweit rund 300.000 Werbeflächen, hat einen Marktanteil von 60 Prozent und ist damit Platzhirsch unter den Plakatvermittlern in Deutschland. Zum Vergleich: Der zweitgrößte Anbieter, die Koblenzer Firma AWK Außenwerbung GmbH, kommt auf rund 50.000 Flächen. Wie Ströer in einer Pressemitteilung schreibt, versteht sich der Konzern als „politisch neutrales Unternehmen". Ströer habe es „bislang als eine gesellschaftliche Verpflichtung angesehen, zur funktionierenden freiheitlich demokratischen Grundordnung durch die Ermöglichung einer parteipolitischen Kommunikation im öffentlichen Raum beizutragen".

Wie die Dokumente des Konzerns zeigen, waren beide Kampagnen – die offizielle der AfD und die Parallelaktion – bei Ströer in den meisten Fällen strukturell zusammengefasst: Bei Aufträgen der Unterstützerkampagne für gut drei Millionen Euro in den Jahren 2016 und 2017 führt das Unternehmen die AfD als „Direktkunde" an – wie bei den offiziellen Plakaten der AfD. Diese Aufträge umfassen rund 8.300 Unterstützerplakate in sieben Wahlkämpfen, darunter auch Tausende Plakate für die Bundestagswahl 2017.

Hinzu kommen weitere Aufträge, bei denen die Partei nicht als „Direktkunde" angegeben wird. Das Gesamtvolumen liegt dann bei mindestens rund 3,5 Millionen Euro.

Unterstützerplakate für die AfD

Wahl	Anzahl Plakate	Auftragswert
Bundestagswahl 2017	4.880	1,974 Mio. €
Landtagswahl 2017 **Nordrhein-Westfalen**	1.129	521 Tsd. €
Landtagswahl 2018 **Bayern***	1.017	417 Tsd. €
Landtagswahl 2016 **Baden-Württemberg**	1.076	221 Tsd. €
Landtagswahl 2016 **Berlin**	386	153 Tsd. €
Landtagswahl 2016 **Mecklenburg-Vorpommern**	368	74 Tsd. €
Landtagswahl 2016 **Rheinland-Pfalz**	319	66 Tsd. €
Landtagswahl 2017 **Schleswig-Holstein**	176	51 Tsd. €
Landtagswahl 2017 **Saarland***	65	18 Tsd. €

** Einzig bei diesen zwei Wahlen steht in den internen Buchungsunterlagen als Direktkunde der Verein zur Erhaltung der Rechtsstaatlichkeit. In allen anderen Fällen ist es die Alternative für Deutschland.*

Quelle: CORRECTIV-Auswertung interner Buchungsunterlagen • Erstellt mit Datawrapper

So verteilen sich die 3,5 Millionen Euro für die Plakatwerbung, die bei Ströer in Auftrag gegeben wurde, auf die Wahlkämpfe und Bundesländer (Grafik: CORRECTIV, erstellt mit Datawrapper).

Ströer äußert sich dazu nicht. Die AfD schiebt die Verantwortung auf das Unternehmen: Die Partei wisse nichts von den Buchungen der Unterstützerkampagne und davon, wie diese zugeordnet seien. Für eventuell „falsche Eintragungen" bei Ströer könne die Partei nichts.

Bemerkenswert ist jedoch: **Bei einem Großteil der Buchungen taucht in den Dokumenten neben der AfD die Schweizer Goal AG als Agentur auf** – die PR-Firma, die schon bei den bereits aufgeflogenen Spendenaffären von Parteichef Jörg Meuthen und NRW-Politiker Guido Reil involviert war. Die Partei hat für die beiden Fälle Strafzahlungen in Höhe von insgesamt rund 400.000 Euro akzeptiert. Die neuen CORRECTIV-Recherchen legen nun nahe, dass sich der Spendenskandal möglicherweise in einer ganz anderen Größenordnung bewegt.

Eine Durchsicht des Konvoluts der Aufträge bei Ströer zeigt: Bei zahlreichen Aufträgen für die Vereinsplakate liegt genau dasselbe Muster zugrunde wie bei den illegalen Parteispenden an den damaligen NRW-Landtagskandidaten Guido Reil.

Die Agentur Goal reagiert nicht auf die Anfrage von CORRECTIV, *ZDF Frontal* und *Spiegel*; die Firma in der Schweiz schweigt zu den Ergebnissen der Recherche. Und die AfD bleibt dabei: Sie habe weder mit dem Verein noch mit der Goal AG zusammengearbeitet.

Parteienrechtlerin spricht von Indizien für illegale Parteispende

Die Parteienrechtlerin Sophie Schönberger geht davon aus, dass diesen neuen Informationen staatsanwaltliche Ermittlungen folgen müssen. „Wir haben jetzt die Nachweise, dass die Kampagne jedenfalls beim Plakathersteller koordiniert wurde“, sagt die Juristin. Auch gebe es Indizien, um anzunehmen, dass die Partei davon wusste oder sogar eingebunden war. Sollte sich der Verdacht bestätigen, sagt die Juristin, „hätten wir eine illegale Parteispende“. In diesem Fall hätte die AfD ein gewaltiges Problem: Dann wäre die Spendenaffäre der Partei um ein Vielfaches größer als bisher bekannt und **ihr könnten Strafzahlungen in dreifacher Höhe der Zuwendungen, also über 10,5 Millionen Euro, drohen.** Im Vergleich dazu erscheinen die bisher nachgewiesenen illegalen Spenden an die AfD wie Peanuts.

Gut möglich, dass der Umfang tatsächlich weit über die nachgewiesenen rund 3,5 Millionen Euro hinausgeht. So ist fraglich, ob es noch Werbemittel gab, die sich in den eingesehenen Unterlagen nicht finden. Außerdem dürften zu den hier berechneten Summen noch weitere Kosten kommen, etwa für Erstellung, Druck und Design der Plakate. Auch hingen die Plakate nicht nur auf Flächen von Ströer, sondern auch auf denen anderer Anbieter. Insgesamt schätzt die Organisation Lobbycontrol das Gesamtvolumen auf rund zehn Millionen Euro.

Die Unterlagen legen zudem nahe, dass es sich bei dem Unterstützerverein nur um eine Tarnstruktur für verdeckte Hilfen an die Partei handeln könnte.

Der „Verein zur Erhaltung der Rechtsstaatlichkeit und bürgerlichen Freiheiten“ hat wegen der AfD-Kampagne bundesweit Bekanntheit erlangt. Aber bei der Durchsicht der Unterlagen stellt sich heraus: Wenn der Verein dort auftaucht, dann ist das eher die Ausnahme. Nur bei Aufträgen bei zwei Wahlkämpfen im Wert von rund 435.000 Euro ist der Verein als Direktkunde aufgeführt, die AfD taucht hierbei nicht auf. Ein kleiner Teil dieser Aufträge entfiel auf das Saarland, wo zu der Zeit bei der AfD desolate Zustände herrschten. Der weitaus größere Teil, 420.000 Euro, flossen 2018 in den Landtagswahlkampf in Bayern. Kurz zuvor war die Partei in Folge der aufgedeckten Spenden für die beiden Politiker Meuthen und Reil massiv unter Druck geraten.

Die Bedeutung des Vereins erscheint also auf Basis der Unterlagen weitaus kleiner als angenommen. Das passt zu Hinweisen, die bereits zuvor Zweifel am Zweck des Vereins geweckt hatten: Er hat nur eine Briefkastenadresse, die Post wurde weitergeleitet an die Agentur Goal AG in der Schweiz, wie der Goal-Geschäftsführer Alexander Segert der Neuen Zürcher Zeitung selbst sagte. **„Die Tatsache, dass der Verein in den Unterlagen kaum auftaucht, legt nahe, dass der Verein möglicherweise ein reiner Pappkamerad war“**, sagt die Parteienrechtsexpertin Schönberger. Die Indizien sprächen dafür, dass der Verein vielleicht nur „vorgeschoben wurde“, um „den Geldfluss zu verschleiern“.

Gerne hätte man gehört, wie der Verein die Widersprüche erklärt. Aber die Anfrage von CORRECTIV, *ZDF Frontal* und *Spiegel* an den Unterstützerkreis bleibt unbeantwortet.

Die Werbekampagne war 2016 etwas Neues in Deutschland. Zwar ging es auch bei dem CDU-Spendenskandal vor 20 Jahren um verdeckte Gelder in Millionenhöhe. Doch die Dynamik dahinter war eine andere: Bei früheren Affären diente das Geld dazu, Einfluss auf die Politik einer großen, mächtigen Partei zu gewinnen. Bei der AfD war das anders: Hier ermöglichte das Geld der Partei, überhaupt erst eine einflussreiche Kraft zu werden.

AfD dementiert seit Jahren Verbindungen zu obskurem Verein

Nach außen geht die AfD demonstrativ auf Distanz: „Wir haben mit diesem Verein für Rechtsstaatlichkeit nie zusammengearbeitet“, sagte Jörg Meuthen im Sommer 2018 im Interview der *ARD*. Heikel für die AfD dürfte nun vor allem sein, dass der Verein in den Buchungsunterlagen für die Parallelkampagne selten auftaucht und die Partei dafür umso häufiger.

Die Nennung als „Direktkunde“, dazu identische Kundennummern – die Parallelen zwischen den zwei Kampagnen belegen, dass beide zumindest im Hause Ströer gemeinsam betrachtet wurden. Der Anwalt der AfD teilt mit, dass die Partei nichts darüber weiß, wie sie bei diesen Aufträgen erfasst ist. Die Eintragungen seien der AfD „nicht bekannt“. Wenn es eine andere Kampagne gegeben habe, schreibt der Jurist, dann „ohne Wirken“ der AfD.

Dass Ströer die Kampagnen gebündelt hat, überrascht dagegen nicht weiter, weil es marktübliches Vorgehen wäre: Der Düsseldorfer Mediaplaner und

Experte für Plakatwerbung Thomas Koch hält es für „völlig unmöglich“, dass im selben Zeitraum zwei Werbeaktionen für dasselbe Produkt laufen, ohne dass diese jemand koordiniert: „Die Benutzung des Begriffs ‚Direktkunde‘ ist ein deutliches Zeichen dafür, dass hier zur Koordination aufgerufen wird, explizit, damit zum Beispiel zwei verschiedene Auftraggeber für die AfD nicht versuchen, auf die gleichen Plakatflächen zu kommen. Es muss koordiniert werden.“ Koch ist derzeit im Beraterteam des SPD-Kanzlerkandidaten Olaf Scholz tätig.

Ist es möglich, dass Ströer jemanden ohne dessen Wissen und Einverständnis bei Aufträgen in Höhe von drei Millionen Euro als Direktkunden führt? Nach Meinung des Medienexperten Koch dürfte das praktisch ausgeschlossen sein. Die AfD weist den Vorwurf, in Absprachen zur Koordinierung eingebunden gewesen zu sein, vehement zurück.

Vor der Buchung der Kampagnen kam es nach CORRECTIV-Recherchen zu einer bisher unbekannten Häufung von Kontakten und Verabredungen zwischen AfD-Wahlkampfstrategen und Managern des Unternehmens Ströer. **Diese Treffen deuten auf eine engmaschige Choreografie hin.** Ströer spricht von „normalen Kundenterminen“.

Wurde dabei nur über die offizielle Kampagne der AfD gesprochen? Die AfD streitet nicht ab, dass es Gespräche gegeben haben mag. Diese hätten aber ausschließlich den Aufträgen im Rahmen der offiziellen Kampagne gedient.

Die Absprachen liefen offenbar auch auf höchster Ebene: Um die Kontakte zur AfD kümmerte sich bei Ströer nach CORRECTIV-Informationen vor allem Ralf-Thomas Stichel, der Geschäftsführer der Ströer Deutsche Städte Medien GmbH und dort zuständig für den Bereich Lobbying. Stichel selbst lässt eine Anfrage dazu unbeantwortet. Ströer geht in seiner Pressemitteilung nicht auf einzelne Punkte ein, dementiert die Treffen aber nicht.

Für die AfD ist die anonym finanzierte Plakatkampagne ein heikler Balanceakt. Für die Firma Ströer gehört die Plakatkampagne zum normalen Geschäft. Anders als die AfD unterliegt der Konzern nicht dem Parteiengesetz und muss vertrauliche Kundentermine nicht offenlegen.

AfD-Politiker Michael Klonovsky stand in Kontakt mit einem Ströer-Manager

Der innere Kreis der Menschen, die seitens der AfD bei der Koordinierung eingebunden gewesen sein sollen, war offenbar klein, und wie es aussieht, gehörte der NRW-Wahlkampfmanager Andreas Keith dazu. Ein weiterer Akteur in diesem

Netzwerk soll Michael Klonovsky gewesen sein: Der Name des früheren Journalisten und langjährigen *Focus*-Redakteurs ist der Öffentlichkeit kaum ein Begriff. Aber **seit Jahren besetzt Klonovsky im Machtgefüge der AfD immer wieder Posten, die ihm hinter den Kulissen Einfluss sicheren.**

Mitte 2016 heuerte er als publizistischer Berater der damaligen AfD-Chefin Frauke Petry an. In einem Interview der *taz* sagte er damals: „Ich stelle ihr und der AfD gewissermaßen meinen Kopf zur Verfügung. Im angelsächsischen Raum gibt es für das, was ich tun soll, die Bezeichnung Spin Doctor[4]. Alles Weitere wird sich ergeben."

Laut einem Bericht im *Focus* wurde er als Teil einer „Spezialeinheit" der AfD für den Bundestagswahlkampf 2017 benannt. Aus einer internen Kostenabrechnung der NRW-AfD, die CORRECTIV vorliegt, geht hervor, dass Klonovsky im Februar 2017 von dem Landesverband 4.760 Euro für ein Wahlkampfkonzept erhielt. Unter anderem erarbeitete er Ideen für den damaligen AfD-Spitzenkandidaten Markus Pretzell – den Ehemann der Ex-Parteichefin Frauke Petry.

Auf die Fragen von CORRECTIV, *Spiegel* und *ZDF Frontal* teilte Klonovsky mit, dass er sich dazu nicht äußern werde.

Auch ehemalige AfD-Chefin Frauke Petry traf Ströer-Manager

Es dauerte nicht lange, bis es zwischen Klonovsky und dem Ehepaar Pretzell-Petry zum Bruch kam. Kurz nach der NRW-Wahl, im Sommer des Jahres 2017, wechselte er als Pressesprecher zur AfD-Fraktion in Baden-Württemberg. Fraktionschef dort war Jörg Meuthen – Petrys erbittertster innerparteilicher Rivale. Heute ist Klonovsky als persönlicher Referent beim Vorsitzenden der AfD-Bundestagsfraktion Alexander Gauland tätig.

Die AfD teilt über ihren Anwalt mit, Klonovsky habe „zu keiner Zeit" vonseiten des Bundesvorstands oder der Bundesgeschäftsstelle den Auftrag gehabt, „irgendwelche Absprachen zu treffen" oder „Koordinationen zu vereinbaren". Trotzdem soll der PR-Fachmann die damalige AfD-Chefin Frauke Petry gegen Ende 2016 in Kontakt mit dem Ströer-Manager Stichel gebracht haben: Am 14. November 2016 habe Petry den Ströer-Mitarbeiter in Leipzig in ihrem Büro empfangen. Dies sagt deren Ehemann, der frühere AfD-Landeschef in Nordrhein-

4 Spin-Doctor „bezeichnet einen (i.d.R.) Kommunikationsexperten, der dafür arbeitet, dass andere (z.B. die Öffentlichkeit) eine Aussage, einen Beschluss, einen Plan so verstehen, wie es für den Auftraggeber (z.B. Politiker, Unternehmen) vorteilhaft ist. Der Begriff wird oft negativ verwendet und bezeichnet dann eine Person, die negative Dinge so darstellt, dass sie sich positiv anhören (abwertend: Schönredner)."
Quelle: Schubert, Klaus/Martina Klein: „Das Politiklexikon". 7. aktual. u. erw. Aufl. Bonn: Dietz 2020. Lizenzausgabe Bonn: Bundeszentrale für politische Bildung.

Westfalen Marcus Pretzell. Das Datum des Gesprächs hat Pretzell gegenüber CORRECTIV eidesstattlich versichert. Petry selbst will sich dazu nicht äußern; auch Stichel schweigt.

Nach CORRECTIV-Informationen wollte der Ströer-Manager bei seinem Besuch mit der AfD-Chefin offenbar über die Wahlwerbekampagnen reden. Petry soll nach Darstellung Pretzells geantwortet haben, dass sie dazu nichts sagen könne – beim Thema Wahlplakate solle sich Stichel an den Wahlkampfleiter Andreas Keith in NRW wenden. An diesem Tag soll sie Stichel auch direkt Keiths Nummer gegeben haben und umgekehrt.

Keith selbst nimmt zu diesen Einzelheiten keine Stellung. Sein Anwalt teilt nur mit, Keith habe „weder mit ‚Ströer', noch mit sonstigen Dritten (auch nicht mit den von Ihnen genannten Herren Stichel, Büge oder Klonovsky) die von Ihnen behauptete ‚Unterstützerkampagne' besprochen, abgesprochen, unterstützt etc.".

„Geht um die Koordination der edlen Spender aus dem Süden mit den Kampagnen hier"

Wenige Wochen später, am 19. Dezember 2016, schickt der umtriebige Spin-Doctor Klonovsky erneut eine SMS an Frauke Petry:

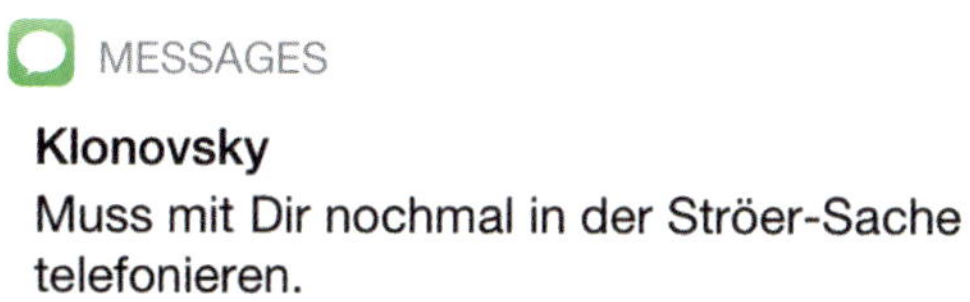

schreibt der Berater seiner Chefin. Nach Neujahr legt Klonovsky nach. Offenbar hat der Ströer-Manager ein Anliegen:

MESSAGES

Klonovsky
Th. Stichel (Ströer) will Dich dringend sprechen.
15 min. Bittet um Termin.

Die Nachricht schreibt Klonovksy am 16. Januar 2017.

MESSAGES

Klonovsky
Geht um die Koordination der edlen Spender aus dem Süden mit den Kampagnen hier.

Alle Nachrichten in diesem Text sind grafisch nachgestellt. Kein Originalmaterial.

Der Ströer-Mann, schreibt der PR-Berater weiter, stehe bereits in Kontakt mit den AfD-Wahlkampfmanagern Andreas Keith und Michael Büge.

Büge ist damals der Kopf des Bundeswahlkampfteams der AfD. Ob er mit Stichel zu tun hatte, will er auf Anfrage nicht beantworten. Von damaligen Mitarbeitern der Bundesgeschäftsstelle heißt es aber, ein Geschäftsführer von Ströer sei im Januar 2017 mit der Wahlkampfleitung in Kontakt getreten. Über den Inhalt der Gespräche lägen keine weiteren Informationen vor.

Der AfD-Wahlkampfleiter in NRW, Andreas Keith, scheint ausgesprochen gute Kontakte zur Führungsspitze von Ströer in Köln zu haben. Nach CORRECTIV-Informationen soll Stichel Keith im Dezember 2016 in Berlin getroffen haben, also einen Monat nach Stichels Besuch in Petrys Büro. Auch hierzu sagt der Ströer-Manager nichts. Keith äußert sich ebenfalls nicht, er dementiert das Treffen allerdings auch nicht. Unklar ist nur der Zweck des Termins.

Vor den Landtagswahlen 2016 in Baden-Württemberg und Rheinland-Pfalz hängen die ersten Unterstützerplakate

Zurück nach Bottrop ins Brauhaus, zu dem Mittagessenstermin von Keith und seinem damaligen Parteikollegen G. Anfang 2017. G. ahnt nichts davon, dass Keith bereits mit Topmanagern bei seinem Arbeitgeber in Kontakt steht. Er wundert sich nur, woher Keith, wie es ihm scheint, so detaillierte Insider-Informationen über die geplanten Kampagnen hat. Als er von dem angeblich geplanten „Geheimtreffen“ mit Ströer-Führungskräften hört, fühlt er sich ausgebootet. Er sagt, er habe dann mit Keith vereinbart, dass beide noch einmal telefonieren.

Etwa eine Woche später sei es zu diesem Telefonat gekommen. Viel will G. aber nicht von Keith erfahren haben, außer dass das Gespräch geführt worden sei und eine „höhere Ebene“ bei Ströer involviert gewesen sei. Ob das stimmt oder ob sich Keith nur wichtig machen wollte, lässt sich nicht prüfen. Sicher weiß G. aber, dass das Thema Plakate von nun an bei der NRW-AfD Chefsache war: „Er teilte mir mit, dass ich mich nicht mehr darum kümmern müsse und er das in die Hand nehmen würde“, sagt G. „Ab diesem Zeitpunkt hat dann Herr Keith alle weiteren Koordinationen zur Plakatwerbung fortgeführt.“ Keith selbst äußert sich zu den Gesprächen mit dem Ex-Parteifreund nicht. Sein Anwalt schreibt dazu nur, Keith habe sich an keinerlei Absprachen zur Koordinierung der Unterstützerkampagne beteiligt.

Ab Anfang 2016 verbreiteten sich die Plakate in Deutschland: erst in Baden-Württemberg und Rheinland-Pfalz, später in Mecklenburg-Vorpommern, Berlin, Schleswig-Holstein und ab Mai 2017 in Nordrhein-Westfalen. **Anhand der Buchungsunterlagen lassen sich Kampagnen in knapp 70 Städten nachweisen:** Mit Bildern von verängstigten Frauen und lauernden Gewalttätern mischte sich der Verein vehement in den politischen Diskurs ein und rief explizit zur Wahl der AfD auf. Vom Design her ließen sich diese Plakate kaum von den offiziellen Plakaten unterscheiden. Nur in einer Ecke erschien die Webadresse des Vereins.

Erst im Juli 2018, also zwei Jahre nach Auftauchen der ersten Plakate, untersagte die AfD dem Verein die Nutzung ihres Logos juristisch. Mit einstweiligen Verfügungen und Abmahnungen signalisierte die Partei maximale Distanz zu den Unterstützern.

Interne Buchungsunterlagen zeigen: Schweizer Goal AG war an millionenschwerer Kampagne beteiligt

Hat die Partei die Öffentlichkeit getäuscht? Tatsächlich tritt aus der Menge der neuen Hinweise und Belege ein Geflecht aus personellen und strukturellen Überschneidungen hervor. Die Verbindungen scheinen sich vor allem über die Schweizer Goal AG zu ergeben, die auch das Sekretariat des Unterstützervereins führt. Die AfD bestreitet das nach wie vor.

Wie die Buchungsunterlagen bestätigen, war die Goal AG bei Kampagnen im Wert von rund 2,5 Millionen Euro beteiligt.

Die AfD und die Goal AG scheinen eng miteinander verflochten: Über die Schweizer PR-Agentur floss das Geld für Plakate, Flyer und Anzeigen für die Kandidaten Meuthen und Reil.

Die Goal AG half 2016 dem NRW-Landeschef Pretzell aus der Patsche. Als Pretzell nach einem von ihm organisierten Kongress auf einem Großteil der Kosten sitzen blieb, beglich die Schweizer Firma eine Mietforderung von 28.000 Euro. Die Bundestagsverwaltung hat die Gesamtkosten des Kongresses, 36.000 Euro, als illegale Parteispende bewertet.

Vor allem aber Parteichef Meuthen pflegte offenbar ein gutes Verhältnis zu Goal-Geschäftsführer Alexander Segert. So gut, dass er sich von der Firma Goal AG eine Website erstellen ließ, wie *ZDF Frontal* im Mai 2017 aufdeckte. Eine Gefälligkeit zwischen Freunden, so erklärte es Meuthen später auf Nachfrage von Lobbycontrol: Er kenne Segert privat, dieser habe die Website als kostenlosen „Freundschaftsdienst“ gestaltet.

Meuthen schreibt auf Anfrage, er unterhalte „keinerlei Kontakte“ zu dem Unterstützerverein. „Entsprechend war ich auch in etwaige Kampagnen dieses Vereins zu keinem Zeitpunkt und in keinem Wahlkampf in irgendeiner Weise eingebunden“, teilt er mit. Alle Fragen, in denen es um sein Verhältnis zur Goal AG geht, lässt er dagegen unbeantwortet.

Brisante SMS offenbart enge AfD-Kontakte in die Schweiz

Offenbar suchte Segert in dieser Zeit gezielt die Vernetzung mit AfD-Politikern auf allen Ebenen. So brüstete sich zum Beispiel der aus Berlin stammende AfD-Europapolitiker Maximilian Krah in einer SMS an die damalige Bundessprecherin Frauke Petry vom 15. Januar 2017 mit seinen direkten Drähten in die Schweiz:

„Hatte mich mit Segert von Goal AG aus Zürich getroffen wegen Wahlkampfunterstützung“, schrieb er. „War konstruktiv.“

Krah bestreitet das Treffen nicht, dementiert aber, dass es dabei um Spenden oder Zuschüsse zu Wahlkämpfen gegangen sei. Segert habe nicht über Geld gesprochen, teilte er CORRECTIV mit. Segert dagegen äußert sich auch zu diesem Treffen nicht.

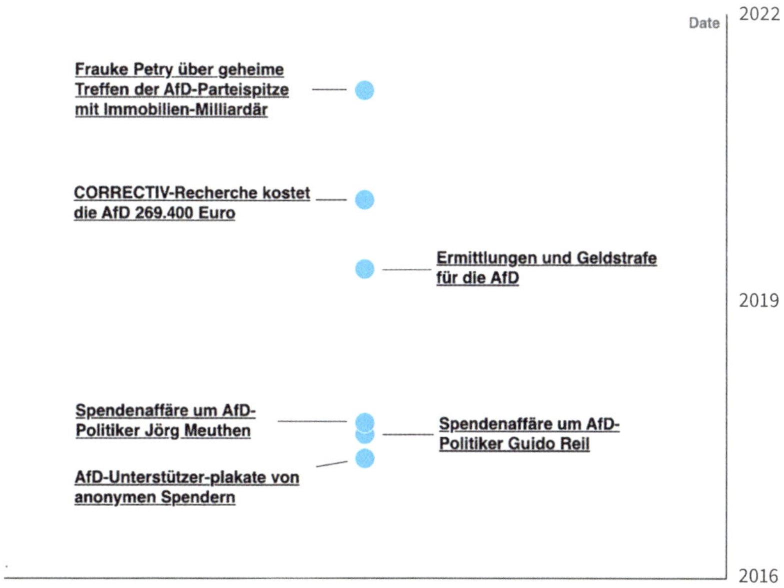

Eine Chronologie unserer bisherigen Recherche zur Spendenaffäre der AfD (Grafik: CORRECTIV, erstellt mit Datawrapper).

Der spendable Herr Segert scheint damals in der AfD nach vielen Seiten Hilfestellungen angeboten zu haben. Das geht auch aus Äußerungen des AfD-Bundestagsabgeordneten Armin-Paul Hampel hervor. Offenbar in Bezug auf Segert sagte er, er sei auf einer AfD-Wahlkampfveranstaltung in Baden-Württemberg angesprochen worden: „Da haben die mir angeboten: Das Gleiche wie hier können wir auch in Niedersachsen machen.“

Hampel sagt, er habe das abgelehnt. „Ich wollte das nicht“, sagte er, „mir gefielen auch die Plakate nicht, die waren mir ein bisschen zu forsch.“ Er sagt, er habe auch den Parteivorsitzenden Meuthen vor den Angeboten der Unterstützer gewarnt: **„Ich habe die Kampagne in Baden-Württemberg gesehen und gesagt: Das tut uns nicht gut.“**

Meuthen äußert sich auf Fragen nach diesem Vorfall auf Anfrage von CORRECTIV nicht.

Im Januar 2016 werden an einem Tag mehrere Plakatkampagnen bei Ströer gebucht

Tatsächlich finden sich in den Ströer-Unterlagen keine Aufträge für Parallelkampagnen in Niedersachsen. Die Rolle der Akteure – der Goal AG, der AfD und des Vereins – scheint sich mit der Zeit zu verschieben. Auffällig ist, dass schon frühzeitig, am 27. Januar 2016, im Hause Ströer gleich ein ganzer Schwung von Kampagnen gebucht wurde: drei in Baden-Württemberg für gut 221.000 Euro, drei in Rheinland-Pfalz für rund 65.000 Euro.

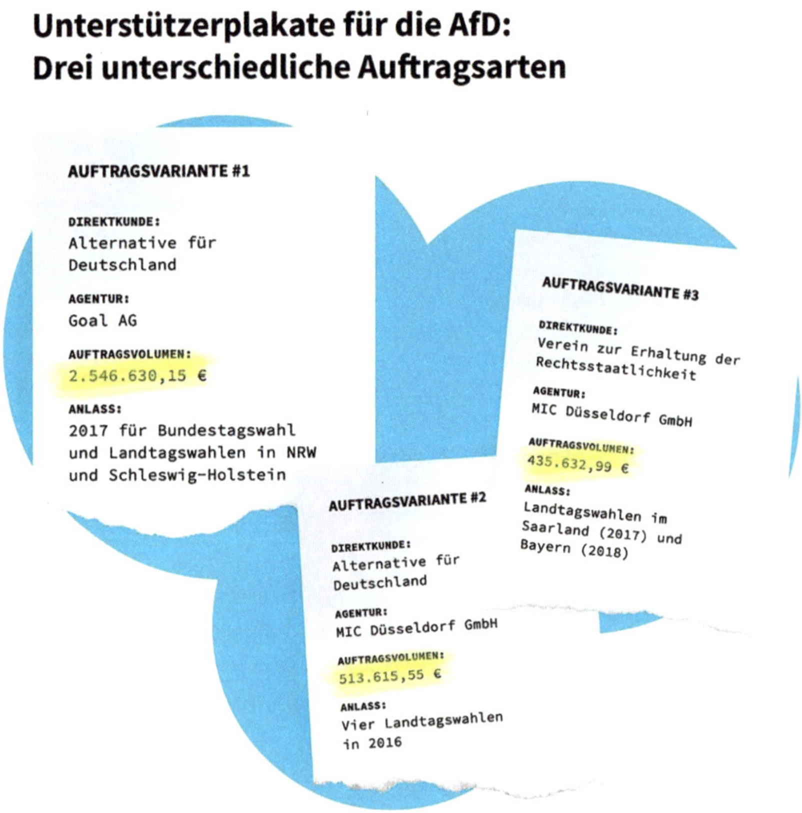

Das gesamte Auftragsvolumen für die Unterstützerplakate zwischen 2016 und 2018 beläuft sich auf 3,5 Millionen Euro (Grafik: CORRECTIV).

Die Goal AG aber taucht erst ab 2017 in den Unterlagen auf: In allen

Aufträgen aus 2016, in den süddeutschen Bundesländern ebenso wie in Berlin und Mecklenburg-Vorpommern, ist bei den Unterstützerkampagnen nur die AfD als Direktkunde eingetragen und ein Vermittler: die Firma MIC in Düsseldorf. Wie auf der Ströer-Unternehmenswebseite steht, wird das „Media Innovation Center", kurz MIC, als „Experte für die Abwicklung von Plakatkampagnen" eingeschaltet, „sofern eine Buchung nicht über eine Spezialagentur beauftragt wird". Und: „Das Angebot erhalten Sie von Ströer." Anders gesagt: Bei den Aufträgen aus 2016 wurde offenbar keine sonstige Agentur eingeschaltet.

Die Plakatkampagnen des Vereins blähten die Wirkung der damals noch jungen Partei massiv auf. Ihr unklares Verhältnis zu den Hinterleuten ermöglichte der AfD ein doppeltes Spiel: Sie konnte sich von der Kampagne distanzieren und profitierte zugleich von dem Aufsehen, das die provokanten Plakate erzeugten. Bis heute weiß niemand, wer wirklich hinter der Unterstützerkampagne stand und den Erfolg der AfD damit beförderte.

Die AfD bleibt dabei, dass sie all das nichts angeht: Im Rechenschaftsbericht für 2017 teilt die Partei mit, „ein Verein" habe „angeblich zu Gunsten der Partei Plakatmotive erstellen und veröffentlichen lassen. Dies erfolgte jedoch ohne Zustimmung und Beauftragung der Partei." Die Bundestagsverwaltung sei informiert und habe kein Prüfverfahren eingeleitet.

Immobilienmilliardär Henning Conle baute frühzeitig Kontakte zur AfD-Parteispitze auf

Die Dimensionen der verdeckt finanzierten Unterstützerkampagnen sind nun deutlich. Offen bleibt die Frage, welche Geldgeber sich hinter der Schweizer Goal AG verstecken. CORRECTIV deckte im März 2021 auf, dass der deutsche, bei Zürich lebende Immobilienmilliardär Henning Conle bereits frühzeitig gezielt Kontakte zur Parteispitze der AfD aufgebaut haben soll, offenbar in der Absicht, die Partei mit anonymen Spenden zu unterstützen. In der Folge kam es ab Oktober 2015 zu einer Serie geheimer Treffen zwischen Conle und der damaligen Parteichefin Frauke Petry. Bei einem der Gespräche soll auch ihr damaliger Co-Vorsitzender Jörg Meuthen dabei gewesen sein.

Auffällig ist in diesem Zusammenhang eine E-Mail an einen Social-Media-Strategen der AfD, in der Meuthen im Mai 2016 mit Kontakten zu einem „potentiellen Unterstützer" prahlte.

Petry brach den Kontakt nach eigenen Angaben in dieser Zeit ab. **Gleichzeitig setzte sich eine gewaltige PR-Maschinerie in Bewegung, millionenschwere**

Kampagnen, Gratiszeitungen, Anzeigen. Nach Aussage von Petry hatte sie Conle im Dezember 2015 in seiner Villa in Küsnacht besucht. Offenbar begleitete sie bei diesem Termin auch Co-Parteichef Meuthen. Nur einen Monat später gingen bei der Firma Ströer an einem einzigen Tag sechs Aufträge für Plakate im Wert von knapp 290.000 Euro ein, davon entfielen rund 220.000 Euro allein auf die Kampagne in Baden-Württemberg, wo Meuthen als Spitzenkandidat direkt profitierte.

Die Bundestagsverwaltung ist dafür zuständig, Verdachtsfällen von illegalen Parteispenden nachzugehen. Bis zur Veröffentlichung dieser Recherche sah sie offenbar in der millionenschweren Plakatkampagne keinen Grund, näher hinzusehen. „Zu den Großplakataktionen des Vereins gibt es hier noch keinen neuen Sachstand", antwortete ein Pressesprecher auf Anfrage von CORRECTIV, *Frontal* und *Spiegel* zum Stand der Ermittlungen. „Wir stehen im Kontakt mit der Staatsanwaltschaft Berlin."

Das CORRECTIV-Team hinter der Recherche

Recherche: Justus von Daniels (Leitung), Marcus Bensmann, Gabriela Keller, Jonathan Sachse, Miriam Lenz
Kooperationspartner: Sven Röbel (*Spiegel*), Ulrich Stoll (*ZDF/Frontal21*)
Faktencheck: Hatice Kahraman, Miriam Lenz
Grafik: Max Donheiser, Belén Ríos Falcón
Design: Benjamin Schubert
Kommunikation: Luise Lange-Letellier, Valentin Zick, Maren Pfalzgraf
Weitere Mitarbeit: Till Eckert, Frederik Richter

Ermittler gehen Spuren zu Milliardär aus der Schweiz nach

Unsere Recherche zum Spendenskandal der AfD führt nach sechs Jahren zu weitreichenden Konsequenzen für die Partei: Der AfD drohen nach bundesweiten Hausdurchsuchungen im September 2022 millionenschwere Strafzahlungen. Die Ermittlungsorte weisen auf neue Dimensionen in der Spendenaffäre hin. Hier die Hintergründe.

Nach den bundesweiten Hausdurchsuchungen Ende September 2022 drohen der AfD nun durch die Staatsanwaltschaft millionenschwere Strafzahlungen wegen möglicher illegaler Parteispenden. Im Mittelpunkt der Ermittlungen sollen dabei die Wahlwerbeaktionen aus den Jahren 2016 bis 2018 stehen, zu denen die AfD mutmaßlich falsche Angaben in ihren Rechenschaftsberichten gemacht hat.

„Es gab in dem Zusammenhang natürlich die Notwendigkeit, die Presse auszuwerten und damit natürlich auch die Recherche, die Sie gemacht haben", sagt Sebastian Büchner, Sprecher der Generalstaatsanwaltschaft in Berlin zu CORRECTIV und dem *ZDF*-Magazin *Frontal*.

Nach Einschätzung der Parteienrechtlerin Sophie Schönberger bleibt es nicht bei Ermittlungen der Staatsanwaltschaft, die sich gegen den ehemaligen AfD-Parteichef Jörg Meuthen und den Ex-Schatzmeister der Partei Klaus Fohrmann richten. Sie rechnet damit, dass auch die Bundestagsverwaltung in der AfD-Spendenaffäre neu aktiv wird. Die Bundestagsverwaltung überwacht Parteispenden und verhängt Strafzahlungen, wenn eine Partei empfangene Leistungen nicht angibt.

Es sei möglich, „dass die AfD hier ganz empfindliche Strafzahlungen erwartet", sagt Schönberger. Durchsuchungen seien das beste Mittel, um umfassend Aufklärung zu gewährleisten. **„Wenn die Staatsanwaltschaft zu diesem Mittel greift, dann müssen schon erhebliche Ansatzpunkte vorliegen."**

Bisher verhängte die Bundestagsverwaltung in der AfD-Spendenaffäre Strafzahlungen in Höhe von mehr als einer Million Euro. Dazu zählen knapp 400.000 Euro wegen dubioser Zahlungen an Alice Weidels Kreisverband, die nach Ermittlungen der Staatsanwaltschaft Konstanz zu der verschleierten Spende des Immobilienmilliardärs Henning Conle verhängt wurden. Conle stammt aus Duisburg und wohnt in London und Zürich.

Jetzt geht es um einen zweistelligen Millionenbetrag. Die Bundesbehörde wird auf Ergebnisse der neuen staatsanwaltlichen Untersuchungen warten. Denn Schlussfolgerungen in der Bewertung der Spendenaffäre seien „erst auf der Grundlage entsprechender staatsanwaltschaftlicher Ermittlungen" möglich, schrieb vor einem Jahr der Sprecher der Bundestagsverwaltung an CORRECTIV.

Bei den Hausdurchsuchungen am 28. September 2022 beschlagnahmten Ermittler „diverse Dokumente und Datenträger", sagt der Sprecher der Generalstaatsanwaltschaft. Die genauen Orte in Berlin, Bayern, Baden-Württemberg und Nordrhein-Westfalen geben Hinweise, auf welche Themen die Ermittler sich fokussieren.

Bayern: Durchsuchungen bei einem Experten für Social Media

Die Ermittler klingelten bei einem Social-Media-Experten aus der Nähe von Aschaffenburg. Aus Ermittlerkreisen heißt es, dass die Untersuchungen bei dem Experten unweit Aschaffenburg mit dem Ziel stattfanden, nach **Verbindungen zu dem Milliardär Henning Conle und der Schweizer PR-Agentur Goal AG** zu suchen.

Der Social-Media-Experte hatte in den Anfangsjahren der rechtsradikalen Partei das „Facebook-Wunder" der AfD organisiert[5]. Die Accounts der AfD generierten auf Facebook weitaus mehr Aktivitäten als die der klassischen Parteien. „Die AfD ist auch durch ihre ausgeklügelte Internetstrategie groß geworden", schrieb die *FAZ* im Mai 2016 in einer Recherche über die Social-Media-Aktivitäten der AfD. Laut Artikel sei ein einziger Mann für den Erfolg verantwortlich.

Spuren führen von Bayern zu Milliardär Henning Conle

Wenige Tage nach dem *FAZ*-Artikel schickte der Experte auf Anfrage des damaligen Parteichefs Jörg Meuthen ein Konzept, wie die Aktivitäten auf Facebook noch weiter verbessert werden könnten. Am 20. Mai 2016 antwortete Meuthen: „Ja, das macht schon klar, was mit mehr Geld und Manpower noch möglich wäre. Ich leite das mal so an unseren potentiellen Unterstützer weiter, er wird das sicher mit Interesse lesen.

5 Mit dem „Facebook-Wunder" der AfD befasst sich im Detail die nachfolgende Recherche in diesem Kapitel.

Demnächst machen wir dann mal einen gemeinsamen Termin, wenn das Interesse fortbesteht, wovon ich ausgehe." Der E-Mail-Verlauf liegt CORRECTIV vor. Danach explodierten die Zahlen der AfD-Accounts auf Facebook.

Auf die Spur zum Facebook-Experten brachte die Ermittler womöglich Frauke Petry mit Aussagen, die sie 2021 gegenüber CORRECTIV und *Frontal* machte. „Bei dem potenziellen Unterstützer handelt es sich nach meinen Informationen um Henning Conle, und das Geld zur Unterstützung der Social-Media-Aktivitäten floss wohl über die Goal AG", sagte Petry im Interview. Diese Informationen zeigte Petry im Juni 2021 auch der Bundestagsverwaltung an. Das wäre nicht das erste Mal gewesen, dass der Immobilienmilliardär Conle auf Facebook setzte. Auch bei den illegalen Parteispenden an Weidels Kreisverband spielten Soziale Netzwerke eine Rolle. Meuthen will sich zu den staatsanwaltlichen Ermittlungen nicht äußern. Der Social-Media-Experte will sich nicht äußern. Auch Conle und Segert antworten nicht.

Ermittler auch in Bayern: Spendenverein als Hülle

Es gab weitere Durchsuchungen in Bayern, auch in den Räumen von David Bendels, dem ehemaligen Vorsitzenden des „Vereins zur Erhaltung der Rechtsstaatlichkeit und bürgerlichen Freiheiten". Recherchen von CORRECTIV und *Frontal* hatten gezeigt, dass sein **Unterstützerverein offenbar nur eine Hülle** war. Bendels' Verein wurde als Urheber von Pro-AfD-Werbemaßnahmen angegeben. Das Geld floss aber mutmaßlich über andere Quellen.

Die Parteienrechtlerin Schönberger bezeichnete den Verein daher als einen „Pappkameraden". Die Untersuchungen bei dem früheren Chef des Unterstützungsvereins, der in diesem Sommer aufgelöst wurde, könnten für Bendels unangenehme Konsequenzen haben. Noch wird Bendels als Zeuge geführt. Die Ermittler erhoffen sich offenbar Hinweise auf Kontakte und Absprachen zwischen den Verantwortlichen des Vereins und Vertretern der AfD, heißt es aus Ermittlerkreisen. Zudem sollen mögliche „Verbindungen und Abhängigkeiten" der Vereinsmitglieder mit der Schweizer Werbefirma Goal AG geprüft werden.

Agierte Bendels als Strohmann? „Wenn sich der Verdacht erhärten sollte, (...) dann steht die Möglichkeit im Raum, dass gegen ihn ermittelt wird", sagt Schönberger.

Nach Recherchen von *NDR*, *WDR* und *Zeit* habe sich auf dem Vereinskonto von Bendels nie mehr als ein vierstelliger Betrag befunden. Bendels lehnte es ab, auf die Fragen zu den Finanzströmen konkret zu antworten. Am 8. Oktober 2022 marschierte er auf der AfD-Demonstration in Berlin mit. Zuvor gab er am Telefon zu, dass die Goal AG die Kampagne maßgeblich betreut habe.

Köln: Ermittler klingeln beim Außenwerber Ströer

Die Staatsanwaltschaft untersuchte auch die Firmenräume von Ströer. Das Kölner Unternehmen ist in Deutschland Platzhirsch für Außenwerbung und besitzt in vielen Regionen quasi eine Monopolstellung.

„Ströer kooperiert mit den zuständigen Behörden hinsichtlich der Ermittlungen", teilte der Sprecher mit. Das Unternehmen sei in diesem Verfahren lediglich Zeuge. Ein Jahr zuvor hatten Recherchen von CORRECTIV, *Frontal* und *Spiegel* anhand von internen Buchungsunterlagen das Ausmaß der externen Plakatkampagne zugunsten der AfD gezeigt.

Der Verein von David Bendels taucht in den Ströer-Buchungsunterlagen kaum auf. Anders die Schweizer Goal AG, die neben dem „Direktkunden AfD" bei Plakatwerbung im Wert von 2,5 Millionen Euro als Auftraggeber genannt wird.

Besonders auffällig sind die Buchungen bei Ströer rund um den Landtagswahlkampf 2017 in Nordrhein-Westfalen: Die Goal AG buchte für den Wahlkampf damals in NRW zwei Wellen Unterstützerplakate für die AfD. Die Gesamtkosten lagen bei 521.423 Euro.

Fast denselben Betrag wies die offizielle Plakatkampagne der Partei mit 521.000 Euro aus, wie ein interner Kassenbericht des Landesverbandes der AfD zeigt. Darin wird der Betrag im Zusammenhang mit Posterselect am 23. Februar 2017 aufgeführt. Posterselect, eine Media-Agentur aus Baden-Baden, die von Ströer übernommen wurde, platzierte die offiziellen Plakate des AfD-Landesverbandes beim Kölner Außenwerber, wie die Ströer-Unterlagen zeigen.

Die AfD sagt, sie habe von der Kampagne aus der Schweiz nichts gewusst, trotzdem haben beide Kampagnen bis auf 423 Euro bei Ströer die gleiche Buchungshöhe. **„Wenn man nicht an Zufälle glauben will, dann ist das natürlich ein weiterer Verdachtspunkt, dass hier eine Koordinierung vorliegt"**, sagt die Parteienrechtlerin Schönberger.

AfD-Spendenaffäre womöglich noch größer

Im NRW-Wahlkampf 2017 gab es weitere auffällige Buchungen. Die Goal AG hatte auch die Wahlplakate für den AfD-Politiker Guido Reil organisiert, womit der Anfang unserer Recherche den Bogen zum Schluss spannt. Auch die Reil-Kampagne findet sich in den Ströer-Unterlagen. Sie folgt demselben Muster wie die Kampagne der Vereinsplakate. Die Agentur Goal AG buchte, und die AfD ist als „Direktkunde" hinterlegt.

Nachdem Reil gegenüber CORRECTIV und *Frontal* bereits 2017 über die Förderung durch die Goal AG in Höhe von 44.500 Euro ausgesagt hatte, verhängte die Bundestagsverwaltung eine Strafzahlung in dreifacher Höhe. Beim Außenwerber Ströer sind für die Reil-Kampagne allerdings nur 9.449 Euro hinterlegt. Das Beispiel zeigt, dass die Kosten in den Ströer-Unterlagen womöglich nur einen Bruchteil der tatsächlichen Kosten der Unterstützungskampagne ausmachen.

Die Ermittler der Generalstaatsanwaltschaft folgen den Spuren von jahrelanger Recherche und Berichterstattung über die AfD-Spendenaffäre. Der Partei drohen am Ende Strafzahlungen in zweistelliger Millionenhöhe.

Der CORRECTIV-Mitarbeiter hinter der Recherche

Recherche: Marcus Bensmann

In der ZDF-Mediathek können Sie die 45-minütige Dokumentation „Die Schattenspender der AfD – Verdeckte Wahlhilfe aus der Schweiz" von *Frontal* und CORRECTIV sehen. Sie fasst unsere Recherchen zur AfD-Spendenaffäre noch einmal zusammen.

Die Gelder zur Macht, Teil V, veröffentlicht am 15. Juni 2021

Das Facebook-Wunder der AfD

Keine andere Bundestagspartei ist so aktiv und erfolgreich in den Sozialen Netzwerken wie die AfD. Doch das war nicht immer so. Schlagartig stiegen 2017 die Interaktionen auf den Facebook-Seiten der Rechtspopulisten. Ein Wunder? Interne E-Mails aus AfD-Kreisen und Aussagen der Ex-Parteichefin Frauke Petry legen den Schluss nahe, dass der Facebook-Auftritt der AfD seit 2015 gezielt gesteuert und illegal aus der Schweiz finanziert worden ist.

Der Aufstieg der AfD ist eng verbunden mit ihren Aktivitäten in den Sozialen Netzwerken. Das hat bereits der Wahlkampf vor den Bundestagswahlen 2017 deutlich gemacht. Nach Recherchen von CORRECTIV und *Frontal21*, die am 15. Juni 2021 veröffentlicht wurden, steckt dahinter womöglich weit mehr als eine ausgeklügelte Strategie und griffige Slogans. Ein E-Mail-Verlauf zwischen Parteichef Jörg Meuthen und einem Social-Media-Experten der AfD, den CORRECTIV einsehen konnte, weist darauf hin, dass sich hinter dem enormen Klickerfolg der AfD ein weiterer Spendenskandal verbergen könnte.

Petry belastet Meuthen

Jörg Meuthen, 2015 bis zu seinem Parteiaustritt 2022 Co-Vorsitzender der AfD, bot offenbar bereits im Mai 2016 dem Social-Media-Strategen an, dessen Ideen an einen „potentiellen Unterstützer" weiterzuleiten. „Ja, das macht schon klar, was mit mehr Geld und Manpower noch möglich wäre", schrieb Meuthen in einer E-Mail, die CORRECTIV und *Frontal21* vorliegt. Der mögliche Wohltäter werde das Konzept „sicher mit Interesse lesen", schrieb Meuthen weiter und stellte ein Treffen in Aussicht: „Demnächst machen wir dann mal einen gemeinsamen Termin, wenn das Interesse fortbesteht, wovon ich ausgehe."

Wer aber war der mögliche Gönner im Hintergrund?

Die ehemalige Parteivorsitzende Frauke Petry behauptet, die Mittel für das Facebook-Wunder der AfD seien mit Wissen von Meuthen aus Richtung Schweiz gekommen und nicht deklariert worden: „Bei dem potenziellen Unterstützer handelt es sich nach meinen Informationen um Henning Conle, und das Geld zur Unterstützung der Social-Media-Aktivitäten floss wohl über die Goal AG", sagt Petry im Interview mit CORRECTIV und *Frontal21*. In ihrem Buch „Requiem für die AfD" stellt sie die Vorgänge ebenso dar. Schriftliche Belege zu diesen Aussagen liefert sie nicht.

„Ich habe Kenntnis davon, dass Jörg Meuthen illegale Spendengelder von Henning Conle vorbei an den offiziellen Parteigremien in illegale Kanäle gelenkt hat, unter anderem zur Unterstützung des Social-Media-Auftritts der Partei“, sagt die Bundestagsabgeordnete CORRECTIV und *Frontal21*. Petry hat die angeblichen Vorgänge auch schriftlich bei dem Bundestagspräsidenten angezeigt.

Auf Anfragen und Bitten um Stellungnahme haben weder Conle[6] noch Alexander Segert, Geschäftsführer der Schweizer PR-Firma Goal AG, reagiert. Meuthen will sich zu den Vorwürfen nicht äußern. Auch die AfD hat auf die Anfrage von CORRECTIV und *Frontal21* nicht geantwortet.

Die Namen, die Petry nennt, tauchen auch in anderen Zusammenhängen mit illegalen Spenden an die AfD auf.

Conle und die Spende an Alice Weidel

Im Fall Weidel spendete Conle offenbar gezielt für den Auftritt der Politikerin in den Sozialen Netzwerken. Ab Juli 2017 gingen in mehreren Tranchen mehr als 132.000 Euro auf das Konto des Bodenseekreises der AfD ein. Als Grund für alle Überweisungen von einem Schweizer Pharmaunternehmen stand: „Wahlkampfspende Alice Weidel Socialmedia“. Später stellte die Bundestagsverwaltung aufgrund von Schweizer Ermittlungsakten fest, dass es sich bei dem tatsächlichen Spender um Conle handelte, und verhängte gegen die AfD eine Strafzahlung in dreifacher Höhe der Spende, da die AfD diese Spende zu spät zurückgezahlt hatte.

Die AfD ist mit einer Klage gegen den Bescheid der Bundestagsverwaltung vor dem Verwaltungsgericht Berlin gescheitert. Bei der Spende sei der tatsächliche Spendername verschleiert worden, und damit sei die Spende illegal gewesen, sagte ein Gerichtssprecher CORRECTIV. Zudem habe die AfD die Spende zu spät zurücküberwiesen. Das Gericht ist damit nicht der Argumentation der AfD gefolgt, dass die Überweisungen nur Alice Weidel gegolten hätten. Denn das Geld sei auf einem Parteikonto eingegangen, sagt der Gerichtssprecher.

Bereits im Sommer 2017 deckten CORRECTIV und *Frontal21* auf, dass Segert und die Goal AG den Wahlkampf Jörg Meuthens bei der Landtagswahl in Baden-Württemberg 2016 mit Plakaten und Zeitungsanzeigen unterstützt hatten.

6 Bei dem Treffen in der Schweiz zwischen Petry, Meuthen und Conle, das CORRECTIV und *Frontal21* aufgedeckt haben, soll, so sagt Petry, der Milliardär zwei Experten eingeladen haben, die über den Wahlkampf in den Sozialen Netzwerken referierten. „Damals haben Jörg Meuthen und ich Herrn Conle gemeinsam getroffen. Das war am 7. Dezember 2015, und schon damals gab es eine Unterhaltung über Social Media und deren Wichtigkeit“, so Petry.

Zudem betreute die Goal AG die Webseite des AfD-Spitzenpolitikers. Meuthen stellte dies anfangs gegenüber dem Verein Lobbycontrol als „Freundschaftsdienst“ dar. Später hat die Bundestagsverwaltung die Webseite und die Plakate als illegale Parteispenden bewertet und eine Strafzahlung verhängt. Nachdem die AfD zunächst klagte und in erster Instanz unterlag, akzeptierte sie 2020 den Strafbescheid.

Facebook-Traffic geht plötzlich nach oben

In Hinblick auf die Social-Media-Kampagnen der AfD liegen keine Belege vor, dass Meuthen das Angebot wie zugesagt weitergeleitet hat und dass tatsächlich finanzielle Unterstützung geflossen ist, wie Petry behauptet.

Eine CORRECTIV-Analyse der Facebook-Beiträge auf der Seite von Jörg Meuthen offenbart jedoch die Brisanz der Vorwürfe: Meuthen meldete seinen Account im November 2015 an. Eine Auswertung der Facebook-Daten zeigt einen sprunghaften Anstieg der Nutzerinteraktionen auf seiner Seite ab Januar 2017.

Vorher lagen die Interaktionen auf der Seite pro Monat im unteren fünfstelligen Bereich – danach im höheren sechsstelligen. Anders gesagt: Die Anzahl der Likes, Kommentare und Shares hat sich innerhalb von nur zwei Monaten verzehnfacht.

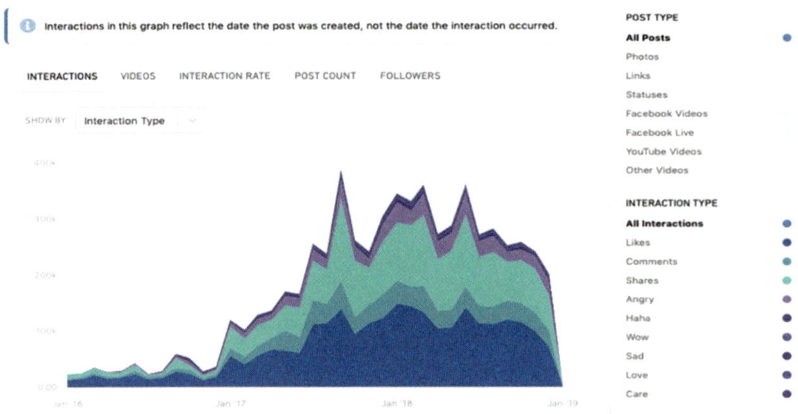

Anhand einer Auswertung von Crowdtangle-Daten für die Facebook-Seite von Jörg Meuthen zeigt sich, dass ab Januar 2017 ein merklicher Anstieg bei den Interaktionen einsetzte. Die Seite erhielt ab diesem Zeitpunkt monatlich erheblich mehr Likes, Kommentare und Shares als bisher (Quelle: Facebook/Crowdtangle; Screenshot: CORRECTIV).

Das lässt darauf schließen, dass die Seite von da an mit höherem Aufwand betrieben wurde. Die offizielle Seite der AfD im Bund verzeichnete in diesem Zeitraum ein ähnlich starkes Wachstum. Der CORRECTIV-Analyse zufolge nahmen ab Sommer 2017 auch auf der Facebook-Seite von Alice Weidel die Nutzerinteraktionen schlagartig zu.

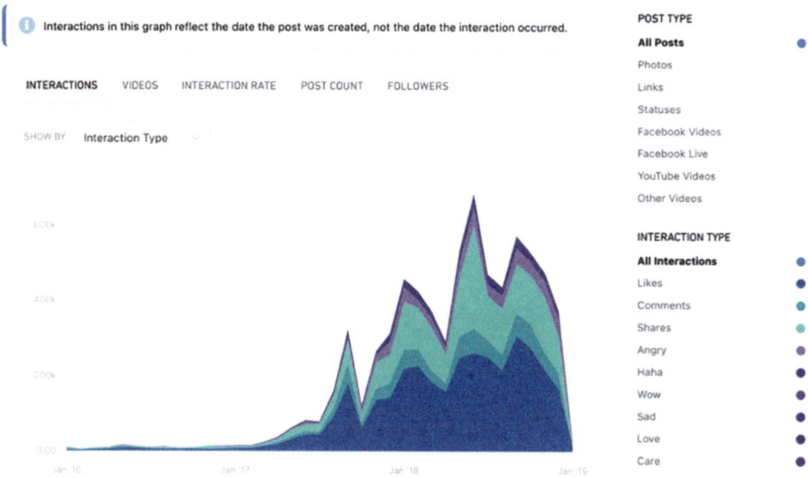

Anhand einer Auswertung von Crowdtangle-Daten für die Facebook-Seite von Alice Weidel zeigt sich, dass ab August/September 2017 ein merklicher Anstieg bei den Interaktionen einsetzte. Die Seite erhielt ab diesem Zeitpunkt monatlich erheblich mehr Likes, Kommentare und Shares als bisher (Quelle: Facebook/Crowdtangle; Screenshot: CORRECTIV).

Alice Weidel weist einen Zusammenhang zwischen den verdeckten Spenden und ihren Social-Media-Aktivitäten auf Anfrage von CORRECTIV und *Frontal21* zurück.

Der gewaltige Reichweitenvorsprung der AfD vor den anderen Parteien auf Facebook gab Experten und Journalistinnen immer wieder Rätsel auf. „Das ist gigantisch und macht mir wirklich Angst“, sagte der US-Medienwissenschaftler Trevor Davis 2019 dem *Spiegel*.

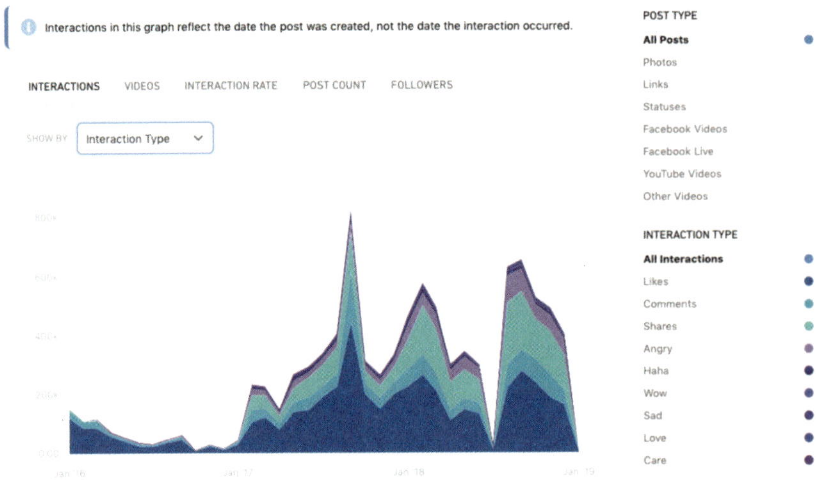

Anhand einer Auswertung von Crowdtangle-Daten für die offizielle Facebook-Seite der AfD im Bund zeigt sich, dass ab Januar 2017 ein merklicher Push bei den Interaktionen einsetzte. Die Seite erhielt ab diesem Zeitpunkt monatlich erheblich mehr Likes, Kommentare und Shares als bisher (Quelle: Facebook/Crowdtangle; Screenshot: CORRECTIV).

„Potentieller Unterstützer"

Ralf Özkara, früherer Büroleiter von Meuthen, erinnert sich, dass dieser mehrfach das Thema Social Media ansprach. Wie Özkara es gegenüber CORRECTIV und *Frontal21* darstellt, habe der Parteichef gesagt, die AfD sei die einzige wirkliche Internetpartei, und er müsse sich darum kümmern, ihren Auftritt in den Sozialen Netzwerken zu verbessern. Ob sich Meuthen tatsächlich so äußerte, lässt sich nicht prüfen. Er lässt die Fragen von CORRECTIV und *Frontal21* unbeantwortet.

Aber in dem E-Mail-Verlauf, der CORRECTIV und *Frontal21* vorliegt, tauscht sich Jörg Meuthen mit einem Mann aus, der für die Wirkungskraft der Partei im Netz eine Schlüsselrolle gespielt haben soll: Es handelt sich um einen Einzelhandelskaufmann aus der Nähe von Aschaffenburg, der sich laut einem Bericht in der *Frankfurter Allgemeinen Zeitung (FAZ)* seit 2013 zeitweise im Alleingang um den Facebook-Auftritt der AfD kümmerte. Die *FAZ* führte die Erfolge der Partei in den Sozialen Netzwerken weitgehend auf ihn zurück.

Der Social-Media-Stratege schickt Meuthen am 20. Mai 2016 ein Konzept, das er ausgearbeitet hat. Er nimmt darin Bezug auf ein „Telefonat", in dem Meuthen die Vorschläge offenbar angefragt hat. Der Online-Experte schreibt, dass sich seine Strategie „im Bundestagswahlkampf sehr positiv für die Entwicklung der Reichweiten, Zustimmung beim Bürger und dadurch letztlich für die AfD auswirken würde".

Zu dem Konzept des Social-Media-Strategen gehört zunächst ein verstärkter Einsatz von Kommentatoren, die direkt auf Posts von Nutzerinnen und Nutzern antworten sollen. „Dieser persönliche Kontakt ist sehr wichtig und gibt dem User (Bürger) eine Stimme", erklärt der Stratege. „Er wird ‚gehört', was für viele partei- und politikverdrossene Nichtwähler eines der größten Probleme darstellt." Zudem könnten bezahlte Werbeanzeigen die ohnehin gute Reichweite der AfD-Beiträge gezielt weiter nach oben treiben.

„Guerilla-Marketing" braucht finanziellen Background

Auch „Guerilla-Marketing"-Techniken schlägt der Experte vor, darunter das sogenannte Mentioning. Hierbei, so erklärt er Meuthen in seiner Mail, würde sich das Team der AfD gezielt in Diskussionen auf anderen Facebook-Seiten, etwa von „Politikern, Parteien, Organisationen", einmischen und so „kritische User" erreichen, denen „unsere tatsächlichen Positionen und Forderungen (...) noch immer nicht bekannt sind". Indem die Administratoren andere Seiten und deren Facebook-Namen erwähnten und verlinkten, könnten sie mehr Menschen auf die AfD-Seite ziehen.

Diese Methoden wende er bereits im Auftrag der AfD an, aber um die Schlagkraft zu erhöhen, benötige er mehr Personal und Geld. Am Ende kommt der Stratege auf das Thema Finanzierung zu sprechen: Das, schreibt er an Meuthen, „steht und fällt natürlich alles mit dem finanziellen Background, über den sich eine Bundesregierung oder die Konsensparteien keine Gedanken zu machen brauchen".

Drei Stunden später antwortet Meuthen und bedankt sich bei dem Experten mit dem Hinweis auf den ominösen „potentiellen Unterstützer", von dessen Interesse er auszugehen scheint.

CORRECTIV und *Frontal21* haben sowohl den Social-Media-Fachmann als auch Meuthen zu diesen E-Mails befragt. Beide nehmen hierzu keine Stellung.

Die Parteienrechtlerin Sophie Schönberger sieht in dem E-Mail-Verlauf „jedenfalls ein sehr deutliches Indiz dafür, dass Herr Meuthen von möglichen Geldzahlungen wusste und das auch unterstützt und positiv begleitet hat". Sollte sich herausstellen, dass Petry die Hintergründe der Ereignisse korrekt schildert, dann wäre die finanzielle Unterstützung für die Social-Media-Aktivitäten nach

Ansicht der Staatsrechtlerin eine „illegale Parteispende“, womöglich gehe es auch um „einen Strohmann“. Eine illegale Spende könnte dann mit dem „dreifachen Wert“ der Spende von der Bundestagsverwaltung sanktioniert werden, sagt Schöneberger CORRECTIV und *Frontal21*.

Meldung bei der Bundestagsverwaltung

Wie Frauke Petry es darstellt, soll Meuthens Werben bei dem „potentiellen Unterstützer“ Erfolg gehabt haben. Schriftliche Belege zur Ausführung des Auftrages hat sie nicht. Meuthen und Conle schweigen dazu.

Petry behauptet auch in ihrem Buch, dass der Social-Media-Stratege im Frühling 2016 von Jörg Meuthen das Angebot erhalten habe, eine Kampagne in den Sozialen Netzwerken zu konzipieren, die aus der Schweiz finanziert würde. „Der Kontakt mit der Goal AG und Conle wurde hergestellt, und die Goal AG finanzierte über rund ein Jahr umfangreich die Arbeit in den digitalen Medien“, schreibt Petry. Im Mai 2017, also gut ein Jahr später, sei es aber zum Bruch gekommen, und der Administrator habe, so schreibt es Petry, seine Arbeit für die AfD wegen der wachsenden Radikalisierung der Partei eingestellt. Sie sagt, dass der Experte ihr das mitgeteilt habe. Nach Petrys Darstellung sei der Online-Stratege nicht nur von der AfD, sondern auch von dem externen Unterstützer dafür bezahlt worden, die Online-Reichweite der AfD zu vergrößern. Die Höhe der Unterstützung nennt Petry nicht.

CORRECTIV und *Frontal21* haben den Social-Media-Experten mehrmals vergeblich um ein Interview gebeten.

Am Tag der Veröffentlichung dieser Recherche zeigte Petry die Vorgänge bei dem damaligen Bundestagspräsidenten Wolfgang Schäuble an, der über die Ordnung von Parteispenden wachte. Der Brief liegt CORRECTIV und *Frontal21* vor und deckt sich mit Petrys Aussagen im Interview.

Die Staatsanwaltschaft folgt nun auch diesen Spuren.

Das CORRECTIV-Team hinter der Recherche

Text und Recherche: Marcus Bensmann, Till Eckert, Gabriela Keller, Ulrich Stoll, Justus von Daniels

Die Menschen hinter diesem Buch

Dieses Buch und die darin enthaltenen Recherchen verdanken wir dem ganzen Team von CORRECTIV. Einige möchten wir hier noch einmal namentlich erwähnen:

Mohamed Anwar ist ein ägyptisch-sudanesischer bildender Künstler, der seit mehr als 15 Jahren im Journalismus als politischer Karikaturist und Comiczeichner tätig ist. Er hat für viele prominente ägyptische und arabische Zeitungen gearbeitet und war Teil einer neuen Generation politischer Karikaturisten, die während der ägyptischen Revolution auftauchten. Er war Mitbegründer zweier panarabischer Medien-Startups, bis er 2019 verhaftet und aus Ägypten abgeschoben wurde. Heute lebt er in Berlin und ist Kreativdirektor von CORRECTIV.

Maximilian Bornmann arbeitet seit Ende 2023 am Nutzungserlebnis und dem Design der digitalen Produkte von CORRECTIV. Davor arbeitete er in diversen Designagenturen, studierte Kommunikationsdesign an der HTW Berlin und war Teil eines studentischen Designkollektivs.

Justus von Daniels ist seit 2019 Chefredakteur von CORRECTIV. 2015 begann er dort als investigativer Reporter und baute 2018 das Netzwerk CORRECTIV.Lokal auf. Vorher war er freier Journalist unter anderem für den Tagesspiegel und die Zeit. Für seine Recherchen wurde er mehrfach ausgezeichnet.

Anette Dowideit ist seit 2023 stellvertretende Chefredakteurin von CORRECTIV. Sie arbeitete zuvor fast 20 Jahre für den Axel Springer-Verlag, zuletzt baute sie dort ein Netzwerk für investigative Recherchen der verschiedenen Medienmarken weltweit auf und leitete das Investigativteam der „Welt“.

Tobias Hauswurz arbeitet seit 2021 als Community-Manager beim CORRECTIV-Projekt beabee und hat als solcher eine Community of Practice für unabhängige Lokalmedien aufgebaut. Er organisiert Austauschformate und schreibt einen monatlichen Newsletter über Community-Journalismus.

Gabriela Keller arbeitet seit 2020 als Senior-Reporterin bei CORRECTIV und recherchiert zu Themen wie fragwürdigen Investoren, intransparenten Firmennetzwerken, Lobbyismus, Interessenkonflikten in Politik und Wirtschaft sowie struktureller Gewalt gegen Frauen. Zuvor war sie als Reporterin bei Berliner Zeitung und taz beschäftigt und lebte fünf Jahre lang als Nahost-Korrespondentin in Beirut und Damaskus.

Elena Kolb arbeitet seit Juni 2023 als Reporterin im Klima-Team von CORRECTIV. Hier deckt sie auf, wer Profit damit macht, die Klimakrise anzufeuern.

Luise Lange-Letellier leitet das Team Kommunikation & Fundraising bei CORRECTIV. Seit acht Jahren gestaltet sie den Aufbau zum gemeinwohlorientierten Medienhaus mit und verstärkt Sichtbarkeit und Wirkung unserer Arbeit.

Ivo Mayr ist seit der Gründung von CORRECTIV dabei. Seit 2014 arbeitet der mehrfach ausgezeichnete Fotograf als Fotograf und Fotochef für CORRECTIV.

Jonathan Sachse ist Gründungsmitglied von CORRECTIV. Er arbeitet seit 2014 für das gemeinnützige Recherchezentrum als Reporter und leitet CORRECTIV.Lokal, das Netzwerk für Recherchen im Lokaljournalismus.

Bastian Schlange ist inhaltlicher Leiter im CORRECTIV.Verlag. Zuletzt schrieb er „Das einzig wahre Faktencheckbuch". Bis 2020 leitete er die NRW-Redaktion CORRECTIV.Ruhr und die CORRECTIV Klimaredaktion.

David Schraven hat den wichtigsten Satz seines Lebens als Kind von seiner Mutter gehört: „Wir haben die Grenzen der Welt nicht gesetzt. Warum sollen wir sie halten." Was zwingt uns dazu, Journalismus nur als Zeilenschreiben zu verstehen, als Formatfüllen im Fernsehen? Nichts. Wir können Grenzen überwinden und alles erreichen, wenn wir nur den Mut dazu haben. David ist Gründer von CORRECTIV und leitet das Recherchezentrum als Publisher. Er wurde für seine Arbeit vielfach ausgezeichnet und lebt mit seiner Familie in Bottrop. David geht gerne angeln.

Pia Siber koordiniert als Engagement Reporterin das Netzwerk CORRECTIV.Lokal. Sie sorgt dafür, dass die Prozesse und Strukturen für die gemeinsamen Recherchen reibungslos funktionieren. Sie wurde im Jahr 2022 vom Medium Magazin als eine der Top 30 bis 30 Journalistinnen ausgezeichnet und bekam mit dem CORRECTIV.Lokal-Team zweimal den Grimme Online Award verliehen.

Gesa Steeger arbeitet als Reporterin rund um die Themen Klima und Sustainable Finance. Für ihre Texte und Recherchen wurde sie mehrfach für Journalistenpreise nominiert und mit dem Nachwuchspreis „Der Grünen Reportage“ des VDAJ ausgezeichnet.

Luise Stich ist Teil des CORRECTIV Verlagsteams. Hier kann sie ihre Leidenschaft für Bücher mit anderen teilen.

Hanna Wollmeiner leitet das Verlagsteam und sorgt dafür, dass Sie dieses Buch in der Hand halten können.

Valentin Zick redet gern und viel mit Menschen. Nach dem Kommunikationsstudium hat er bei CORRECTIV das Reden zum Beruf gemacht. Hier feilt daran, Menschen mit Informationen zu stärken, und erzählt Ihnen, wie einfach es sein kann, sich für die Demokratie einzusetzen. Darüber könnte er stundenlang reden.

weiterhin danken wir für ihre Mitarbeit
Nina Bender
Charlotte Eckstein
Maike Dorn
Esther Ecke
Jet Lag
Frederik Richter
Elena Schipfer
Finn Schöneck
Benjamin Schubert

Ausblick auf die Zukunft

Als wir entschieden, intensiv und mit einem großen Team zur Spendenaffäre der AfD zu recherchieren, ahnten wir bereits, dass wir einem der bedeutendsten Parteispendenskandale der Bundesrepublik auf der Spur waren. Wir waren davon überzeugt, dass es für unsere Demokratie enorm wichtig ist, herauszubekommen, wer aus dem Ausland über obskure Wege einer Partei wie der AfD im Wahlkampf hilft. Wir wollten für die Bürgerinnen und Bürger die Vorgänge transparent und öffentlich machen.

So ähnlich war es auch im vergangenen November, als wir die Einladung zu dem Potsdamer Treffen in den Händen hielten. Es ging uns nicht nur um die unmittelbare Recherche, sondern auch um die Fragen: Was bedeuten dieses Treffen und der ominöse „Masterplan" für unsere Demokratie? Und welche Personen und Strukturen stehen hinter dem offensichtlichen Angriff auf das friedliche Miteinander in Deutschland?

Die Arbeit von CORRECTIV ist ganz wesentlich mit der Demokratie verbunden.

Unabhängiger und kritischer Journalismus ist für Verantwortliche oft unbequem, weil er sie herausfordert: Wenn wir als CORRECTIV interne Vorgänge transparent machen und dadurch offenlegen, wie hinter den Kulissen dubiose Verträge verhandelt werden, wie politisches Versagen verschleiert wird oder wo Korruption herrscht und die Bürgerinnen und Bürger den Schaden davontragen, dann verstehen wir das auch als Anstoß für Veränderung. Uns genügt es nicht, einen Skandal nur offenzulegen. Wir wollen zeigen, welche Folgen er ganz konkret im Alltag der Menschen hat. Damit die Verantwortlichen begreifen, welche Konsequenzen ihr Handeln hat, und wir als Gesellschaft verstehen, dass Missstände uns alle betreffen.

Wir verstehen Journalismus als Werkzeug, um aufzuklären. Wir berichten, damit Menschen in ihrem Alltag eine informierte Entscheidung treffen können; damit Bürgerinnen und Bürger überprüfen können, wer gegen ihre Interessen arbeitet; damit wir als Gesellschaft Fehlentwicklungen erkennen und im besten Sinne nach Lösungen suchen können, die allen nützen und helfen.

Wir haben uns dazu breit aufgestellt und recherchieren zu vielen Themen, die unmittelbar oder im weiteren Sinne mit der Stärkung der Demokratie zusammenhängen.

Ein Beispiel: Als eine der ersten Medienorganisationen in Deutschland haben wir eine eigene Klimaredaktion gegründet. Die Klimakrise ist eine existenzielle Bedrohung für uns alle. Hitze und Dürre vertreiben Menschen aus ihrer Heimat. Das Extremwetter bedroht schon jetzt unseren Alltag. Ohne Wasser werden Regionen zu lebensfeindlichen Zonen. Wir als CORRECTIV liefern dazu Fakten und decken auf, wer die Klimakrise befeuert. Etwa, ob weltweite Megakonzerne dahinter stehen oder die lokale Politik, die es versäumt hat, klimafreundliche Weichen zu stellen.

Mit den Ergebnissen unserer Recherchen können Bürgerinnen und Bürger selbst aktiv werden und die Gesellschaft demokratisch mitgestalten. Zugleich diskutieren wir die aufgedeckten Missstände mit interessierten Menschen vor Ort und überlegen mit ihnen, was besser gemacht werden könnte.

Journalismus bedeutet für uns immer auch, Orte der Begegnung und des Dialogs zu schaffen.

Klima ist nur eins von vielen Themen, zu denen wir arbeiten, weil sie gesellschaftlich relevant sind. Da sich große Missstände oft in individuellen Krisen und auf lokaler Ebene zeigen, beteiligen wir häufig viele Menschen an unseren Recherchen. Wenn wir ihre Erlebnisse und Beobachtungen zusammenführen, können wir das große Bild erkennen und zeigen. Dafür haben wir eine technische Plattform entwickelt, auf der sich Bürgerinnen und Bürger leicht mit eigenen Erfahrungen oder Hinweisen einbringen können.

Viele CORRECTIV-Recherchen sind durch die Menschen vor Ort überhaupt erst möglich geworden. Wir konnten gemeinsam mit Tausenden von Mieterinnen und Mietern über die existenzielle Krise des Wohnungsmarktes recherchieren. Wir haben mit Eltern und Mitarbeitenden die Missstände in Kitas dokumentiert. Und wir konnten durch die Hilfe von Betroffenen und Angehörigen eine öffentliche Debatte über häusliche Gewalt anstoßen.

Für uns liegt in der Beteiligung von vielen Menschen eine Zukunft des Journalismus. Unser Journalismus verbindet.

Zeitungen waren immer eine Grundlage, über die sich eine Gesellschaft ausgetauscht hat. Es wurde miteinander über die Ereignisse in der Welt diskutiert, über die lokale Wirtschaft, über Leserbriefe oder die Wohnungsinserate. Doch die Zeiten haben sich geändert. Der Austausch braucht heute andere Formate.

Wir arbeiten daran, dass wir es bei CORRECTIV immer wieder schaffen, die politische Debatte, das unmittelbare Gespräch und den Kampf um die besten Lösungen anzustoßen.

Denn Demokratie gelingt vor allem in Gemeinschaft.

Justus von Daniels
Chefredakteur

Anette Dowideit
stellvertretende Chefredakteurin

Wenn Sie daran aktiv teilhaben wollen, folgen Sie und unterstützen Sie uns: Ihre Unterstützung ist heute wichtiger denn je. 2024 ist Superwahljahr.
Die Demokratie wird bedroht. Ihre Spende ist der Schlüssel, um demokratiefeindliche Ideologien zu entschlüsseln. Die nächsten Enthüllungen sind schon in Planung. Bereits 5 € helfen uns dabei.